AF389598

SOLITAIRE

PREMIER,

OV,

Profe des Mufes, & de la fureur Poëtique.

PLVS,

Quelques vers Liriques.

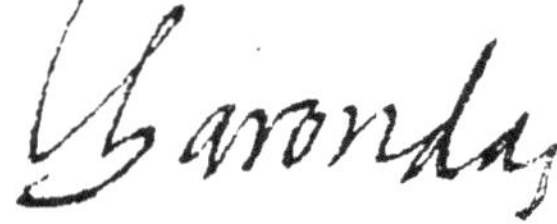

A LYON,

PAR IEAN DE TOVRNES.

M. D. LII.

AVX DOCTES,
GENTILZ, ET GRA-
CIEVX ESPRITS
FRANCOIS.

'ESPREVVE iournaliere fait
foy (doctes esprits) que Nature conduit les humains entendemens à tel poinct, que
ceux, qui par quelque opinion
de leur sauoir se confient de
pouuoir mettre la derniere & heureuse main à
vn œuure entrepriz, quittent, voire chassent le
proufit & auancement du bien, qu'on appelle
temporel, desdaignent la solicitude de leurs do-
mestiques affaires, & oublient l'entretien de la
tant aymee santé, pour, en toute haleine, & non
interrompue pensee, le commencer, le poursui-
ure, & l'acheuer, bien que (tant est forte l'incli-
nation naturelle, qui les pousse à l'effect de leur
puissance) ilz n'esperét aucune digne recompen-
se de leur labeur. Mais qu'aucun, non obstant la
confessee cognoissance de son peu, se soit auan-

a 2

cé à

cé à l'entreprinſe de beaucoup, il n'ha eſté veu
par le paſsé, ou (s'il s'eſt fait voir) ce ha eſté au
deſluſtre de ſon honneur, & obſcurciſſement de
ſa reputation. Voici toutefois que, comme vn
autre Dedale trop heureux, ſinon vn ſecond
Icare, i'entrepren auec des æſles nouuelles, ſor-
tant d'vn Labirint Grec, & Latin, voler par ceſt
air, & chargé de marchandiſes eſtranges, vous
apporter choſe non iamais veües (que ie ſache)
en voſtre region Françoiſe. Et bien que tel faix
ſoit en ſon poys fort inegal à mes eſpaules, ie
n'eſpere aucune ruine: i'ay le cœur bon, ſi à la
premiere veüe vous me faites ſigne, que ceſte
mienne diligence, conceue d'vne enuie de vous
plaire, m'engendre vn fauorable accueil de voz
diuins iugemens. Ie ne ſuis (gentilz & benins
eſprits) peu auerti du nombre eſlu entre vous,
qui au meſme voyage, que i'ay fait, ſans peril
de la curieuſe nef de l'entendement ha couru,
& recouru l'vne & l'autre fortune, ſelon qu'elle
s'eſt montree ou bonace, ou ennemie: & ſay
tresbien qu'aucuns deſia ont prins port,& ancré
l'heur de leur nom au fond de l'immortalité,
pendant que moins ſeurement aſſeuré au ſou-
tenement d'vnes æſles cirees i'ay ſuiui meſme
route par le vuide de l'air de mes affectiõs. Auſsi

rien

rien ne m'eſt congnu tant ſciemment,que le merite irrecompenſable de voz ſtudieux labeurs,
& la perfection, qui luit belle en la moitié de
vous.Le merite,que i'enten,prend ſourſe en voz
doctes eſcrits , Poëtes excellens , & autres amateurs des bonnes lettres. Et vous, Dames Fran-
çoiſes, autant belles, que vertueuſes , eſtes le re-
plendiſſant obiect, duquel les diuers traiz re-
cueilliz en celle, que i'admire & reuere , me re-
preſentét l'eſtat de toute perfection. Quant aux
premiers,leur ſuffiſance me commande de laiſſer
le louer d'eux à eux meſmes. Mais quant à vous,
mes Dames, le deuoir, que i'ay à la plus precieu-
ſe Perle détre vous , m'incite de toucher vn mot
de l'honneur de voſtre ſexe , duquel certains
Thucidides de ce tems confinent le nom & la
louenge autant loing de toutes oreilles , comme
leur odieuſe & inique imperioſité reſerre les
perſonnes à l'obſcur des domeſtiques murailles,
& dedens le cloz des chambres ſolitaires , coul-
pables de leurs miſerables ialouſies , non ſeulement impiteux Libitins de voz gracieuſes beautez,mais encores enuieux eſtaingneurs de la lumiere de voz honnorables noms, & louable renommee : & non contens de ce, vous imputent
(pour couurir la vile impudence de leurs cruelz

a 3　　　outr

outrages) la foibleſſe puſillanime , l'ignorance,
l'inconſtance, le defaut d'amitié, l'impromptitu-
de de conſeil, la lubricité , & telz vices menſon-
gers, que l'horreur ne me permettroit de reciter,
ſi ie n'auois raiſon,& exemples pour les deſdire.
Car quant à la foibleſſe, qui la pourroit marquer
pour vice & imperfection , ſi ceſte meſme obie-
ction faite par les brutes animaux eſt effacee par
l'humaine raiſon, & l'entendement, armes d'induſtrie inuincible? D'auantage,à quel effort s'eſt
eſprouuee la force virile , que la feminine n'ayt
executé? Quel homme plus vertement ha ſou-
tenu le faix des armes, qu'vne Camille,vne Ar-
palice,les Amazones,& autres particulieres, que
ie croy moins fabuleuſes,que noz Hector, Achil
le , Horace , Alexandre , Ceſar , Roland , & la
centeine des neuf preux? Quelle magnanimité
plus grande, que d'vne Panthee, Manie, Zenobie, Theleſsilide,Cloelie & autres infinies? Mais
que veúx ie d'vne ſi debile force,que la corporelle, rendre la douce delicateſſe des Dames moins
delicate? N'áy ie plus aſſeuree certitude de leur
vertueux naturel, que par ce, qu'elles ont autrefois executé de leurs perſonnes , & qu'encor,ſi
les hômes depraueurs nourriſsiers ne les amol-
liſſoient,elles feroient l'ayant entrepriz? ſi ay, &
m'en

men soit tesmoin la profession des lettres tant
feruemmét embrasee, qu'elles, au parangon,ont
egalez les hommes,& souuent les ont deuancez
de bien loing. Nul (cróy ie) nommera ignorantes Saphon , Corinne , Zenobie la magnanime
Dame, fille de Pithagore, Arete , qui rendit son
filz Aristipe (pour ce respect nommé mitrodi-
dacte) excellent Philosophe. Peuuent ne voir
les Taupes de ce siecle la splendeur d'vne & vne
autre Princesse Marguerite ? Desquelles celle
nous laissa autant de dueil & mescontentement
à sa mort, comme ceste nous apporte d'admiration par la perfection de sa doctrine & accom-
plissemét de ses graces. Ie ne suis pour nommer
toutes celles,qui honorent de leur honneur nostre aage , & l'esclarcissent de leur sauoir , pour
faire entendre qu'encor de ceste vertu est doué
leur sexe , ainsi comme de constance immuable,
& d'amitié digne du meilleur coeur. Vrayement
la constance d'Aretaphile , ou Megistone , est
admirable : mais l'amitié d'Alceste est logee à
l'extreme degré des plus parfaites affections,que
i'accompagneray d'vne Camme , & (pour ne
m'estendre en plus longs exemples) des Traciennes liberales de leurs vies à l'ami mort. Quãt
au conseil, nul l'ha plus prest souz la main , que

a 4   les

les femmes, ainſi que les Sagontins deferoient à
l'aſtuce falutaire des leurs, & que les hiſtoires
des Troiennes, & Chiaennes declairent. Qui
ne ſcet, que les Spartaines eſtoient maiſtreſſes
aux affaires domeſtiques, & premieres guides
au gouuernement du publiq ? Mais combien eſt
grand l'honneur receu par celles, qui long tems
auant vous, Mes dames, ont par leurs vertuz
illuſtré les Gaules ? Hannibal traitant quelque
paix auec les Gaulois, mit en vn article de leur
capitulation, que ou les ſiens offenſeroiët aucun
de Gaule, les Magiſtrats de Carthage en con-
gnoitroient:& auenant qu'vn Gaulois de ſa part
enfraingnit les paches de la confederation, aux
femmes Gauloiſes en ſeroit reſeruee la congnoiſſance, & elles (comme de long tems ho-
norees de telle autorité) en feroient iugement.
En vne iſle de la mer Britannique eſtoit, pour
reſponſe reſolutoire de toute choſe enquiſe,con
ſulté l'oracle d'vn Dieu ſurnommé Gaulois, auquel ſe conſacroient certaines vierges du louable nom Gaulois appellees Gallicenes, qui auec
l'enrichiſſement de la congnoiſſance de plus hau
tes diſciplines, & de l'inflammation de la ſainte
fureur diuinatrice, eſtoient excellentes pour
l'obſeruance entiere de leur chaſteté, vertu tant
pecul

peculiere de voſtre ſexe, que celle, qui eut Oriſ-
gonte pour ſon confort, Micce, & la tant congnue Lucrece, qui dens ſon ſang laua l'honneur,
qu'elle iugeoit ſouillé, ſe peuuent aſſeurer de ren
contrer nombre infini de leurs ſemblables. Or
ne veúx ie ſuiure la deſcription de toutes voz
particulieres vertuz, m'aſſeurant que vous meſmes, quelque part que ſoyez, les ſauez faire luire,
& eſclairer les tenebreux Miſogynes d'aſſez de
lumiere, pour leur faire apperceuoir (ſi la ſotte
malice ne les aueugloit, & la verité, quilz laiſſent
derriere eux, ne leur eſtoit moins viſible) à combien de hauteur pouuez eſtre eſleuees. Auſsi ne
ceſſent les mieux naiz, & plus vertueux, de vous
offrir partie de l'honneur deu, comme en ce, que
ie puis, ordinairement i'eſſaye enuers celle, qui
par vn moindre raiz de ſes raritez m'ha eſueillé
à la pourſuite de ce mien labeur, qui lui eſt auec
moymeſmes dedié: & qui ſeule (pour clorre en ſi
bon endroit ce peu, que ie voulois dire de vous)
pourroit preuuer par preuue de ſes graces diuines, que à tout vertueux exercice vous eſtes nees.
Et certes, ie voy en ce tems telles flammes allu-
mees en voſtre faueur, que Gorgie Leontin de-
ſirant voſtre clere renommee eſtre veüe par l'v-
niuers, deuroit s'aſſeurer d'eſtre iouiſſant de ſon

a 5   deſir.

deſir, & vous certaines d'vne memoire honorable & eternelle. Soyez donq bienheureuſement
contentes, mes Dames. Soyez(ô admirateurs de
leurs perfections) inſtans à l'illuſtration de leur
nom. Et enſemble (doctes & gracieux eſprits)
receuez ce commencemét de plus long, plaiſant,
& vtile ouurage : lequel celle, qui guide & mon
coeur, & ma main, me commande de vous faire voir, choſe que ie faiz hardiment : puis
que ſus ſon commandement mon
obeiſſance apuiee me fait croire, que rien de ceci ne
me peult apporter
qu'heureu-
ſe fin.

*

AMOVR IMMORTELLE.

SOLITAIRE

·PREMIER,

OV,

Profe des Mufes, & de la fureur
Poëtique.

*

OMBIEN que le
defaut de tranquili-
té d'esprit, l'impuif-
fante imbecillité du
corps, & la calami-
teufe neceſſité, faſſent
apparoir la vie de
l'homme plus impor-
tablement doloreufe, & miferable, que d'autre
animal, qui foit viuant fouz le Ciel: toutefois la
prouidence, la raifon, & l'entendement (qui font
que l'homme foit homme) auec le but d'eterni-
té, auquel il aſpire, me femblent eſtre l'vnique
craye, de laquelle il doit blanchir la noirceur de
fon tenebreux eftat. Bien fáy ie, que pource que
les

les miſeres, & imperfections ſont euidentes en
ce monde par preuue tant manifeſte, qu'il n'y
ha celui, qui ne les touche auec le doigt plus ſen-
ſitif, & que l'heur, & la felicité ſe laiſſent comprendre ſeulement, comme en la ſimple conſi-
deration des ombres non maniables, & en la
nue peinture d'une eſperance: il s'eſt trouué par
le paſſé, & en ces iours encor ſe treuue grand
nombre d'hommes, qui, trop viuement piquez
du corporel, ſe ſont en lui entierement arreſtez,
& diffiniſſans la douleur, la volupté, l'indolence, & les poingnantes affections corporelles, ont
oſé (les miſerables) loger en ſi vil lieu la fin, &
le terme du ſouuerain bien, & derniere felicité,
rendans par trop delicate ſenſibilité du corps
leurs ames eſtourdies, comme d'une paraliſie
ſtupide, & inſenſee. Mais aillent telz Pour-
ceaux, aillent telz ventres gourmans & pareſ-
ſeux ſe touiller en la bauge de leurs ordes voluptez: & là, ſe ſouillent, & reſouillent, voire
(ſ'ilz le treuuent bon) s'y enſeueliſſent eternel-
lement, pendant que ceux, qui ſont ſoutenuz de
meill

meilleures æsles, & guidez par plus fideles
esprits, hausseront & le vol, & la veüe, pour
(nonobstant l'estroite restrainte du cloz tenebreux de la corporelle prison) discourir, admirer, aspirer, & en fin attaindre à la iouissance de la lumiere eternelle, & vraye felicité: laquelle (combien que l'oeil de ces terrestres n'en
puissent souffrir les raiz) l'Entendement esleué
est capable d'apperceuoir, de quoy font foy les
vertueux discours des Stoïques, la congnoissance de l'ame raisonnable par Heraclite, Uar-
ron, & autres : l'apprehension de l'immuable
essence Angelique d'Anaxagore, & Her-
motime, & la profonde contemplation, qui con
duit l'ame purifiee en reuerente admiration
de la non iamais comprinse immesurable gran
deur de la sourse de bonté, beauté, & sapience
de l'unique Soleil diuin, selon Platon, & Pithagore. Or il est certain que tous ceux , qui ont
iuré à la louable entreprinse de monter au som
met peu accessible de tant ardue montaigne,
qu'est la difficile congnoissance de la diuinité,
cherch

cherchans l'un deçà, l'autre delà, qui vn endroit,
qui vn autre plus commode, & aisé, font diuer
ses rencontres de choses, neaumoins rares, &
precieuses, comme rien se peult trouuer autre en
lieu tant rare & precieux: à la noueauté &
plaisir desquelles la plus grand part s'est arre-
stee, demeurant à ceste cause sa queste non
poursuiuie, & son voyage interrompu. De tous
ceux (veux ie dire) qui ont tasché de s'acquerir
l'intelligence des choses celestes & diuines, &
acheminer leurs entendemens iusques au plus
haut siege, ou repose l'obiect de l'eternelle felicité, les voyes ont esté diuerses, comme les doctrines, disciplines, sciences, & arts leur ont esté deuant les yeux diuersement presentez. Qui fait
doute que les sciences ne seruent de tres propres
degrez pour s'esleuer à la plus haute cime? &
que sans elles mal aisément l'Entendement humain pourroit se desuelopper de ses vestemens
pesans, pour se hausser dextrement à l'exercice,
auquel il est appellé? Mais il auient, que, ou le
gain, lequel l'auare cupidité fait preuoir en la
profess

profeßion d'une diſcipline, ou le deleċtable plaiſir de la reputation louable, nee par la con-
ſommee congnoiſſance d'une autre, lui tire la
bride, & l'arreſte auant la fin de ſa courſe,
poßible encor mal commencee. Auſſi eſt le
nombre petit, & peu congnu, de ces parfaits
ſtudieux, qui plus pour l'amour de vertu em-
braſſent le trauail literaire, que pour appetit
de gain, ou deleċtation de renommee. Toutefois
ni la peur de telles empeſches, ni encor la congnoiſſance, que i'ay de mon inſuffiſance (trop
ſuffiſante pour me donner crainte & retirer
arriere) ont iamais peu me commander auec
aſſez d'imperioſité, pour faire que les lettres,
tant en reſpeċt des ſciences particulieres, que de
la ſpherique Enciclopedie, & plus haute ima-
gination, ne m'ayent appellé à leur ſeruice : &
ne mire point tant mon inutilité (laquelle ie
ſuis touſiours preſt de meilleurer à toute occaſion, qui m'en ſoit preſentee) qu'encor quelquefois ou par eſcrit ie ne faſſe voir, ou de viue
voix ie ne communique librement aux perſonnes

nes familieres ce , qu'auec quelque labeur i'ay
depaint dens le tableau de mon esprit , chose
que ie fais encores maintenant, mais plus pour
seruir de fueille aux escrits de tant de bons
esprits, qui embellissent nostre France, que pour
esperance que i'aye par quelque bienmerence
me rendre recõpensable d'un seul mot de louenge. Restoit de m'excuser de quelques , di ie , dit
elle , respondi ie , aioutái ie , demanda elle &
autres semblables, qui empireront l'aspre rudes-
se de mon stile grossier. Mais me souuenant
que Platon, & apres lui Ciceron (pour ne dire
les autres) deux diserts, s'il en fut onques, n'ont
effassé ceste mode d'escrire : & que ie voulois
reciter nuement vn deuiz tel, que souuent il s'en
rencontre entre celle , que ie cache souz le nom
de Pasithee (vrayement Pasithee) & moy,
non pas mettre en auant vn œuure elaboré
curieusement : ie ne me suis forcé à plus estroites
loix de bien dire, attendant plus d'excuse de la
beninité des bons & sinceres esprits (deuant lesquelz seulement ie desire mes labeurs se ren-

contrer)

contrer que ie ne m'en ſaurois forger en plus
longues paroles qui m'eſlongneroient touſiours
du commencement de mon entreprinſe.

    I'auois au plaiſir, que les chams me don-
nent aucunefois ores à l'exercice de la chaſſe,
ores au ſolitaire ſeiour, auquel le plus ſouuent
ou le fraiz d'un bois ombrageux, ou la verdeur
des gracieux couſtaux m'inuitoit, paſſé quelques iours, quant, rappellé par la commodité
de mes domeſtiques, & priuez affaires, & encor plus vrgemment par le deſir, qui me ſolici-
toit à toute inſtance de reuoir Paſithee, &, re-
tourné à la ville, i'allay au lieu de ſon ordinaire
demeure, ou ie la trouuay aſſiſe, & tenant vn
Leut en ſes mains, accordant au ſon des cordes,
que diuinement elle touchoit, ſa voix douce &
facile : auec laquelle tant gracieuſement elle
meſuroit vne Ode Italienne, que deſià ie me
ſentois raui comme d'une celeſte harmonie, &,
ſans entrer plus auant, demeurois coy pour
n'entrerompre ſon plaiſir, ny le contentement,

                b   que

que ie receuois à la contemplation de ses graces : mais (ne say ie à quel bruit) elle iettant sa
veüe du costé de l'entree, & m'apperceuant
tout changé de nouuel aise, se leua : & (ayant
sus vn lit prochain de la chaire, ou elle estoit
assise, posé sont Leut) s'auança, receuant de moy
les humbles reuerences, auec lesquelles ie suis
coutumier de l'honnorer, qu'elle recompensa
d'un honneste recueil, duquel elle se daigne faire liberale en mon endroit. Apres les ceremo-
nies qu'on fait ordinairement aux suruenues,
& qu'elle retournee au lieu, duquel elle s'estoit
leuee, m'eust prié de prendre place sus vn siege, qu'elle auoit commandé m'estre apporté : ie
ne say (me dit elle) Solitaire, si, vous deman-
dant quel est vostre portement, ie serois indi-
screte, ou inciuile, vous caressant de ioyeuse bien
venue : car à voir vostre visage ie suis contrainte de croire, que vous n'auez abandonné les
chams pour occasion plus necessaire, que celle,
que vous ha presenté en ceste ville la commodité des medecins, de l'ayde desquelz vous me semblez

blez auoir bien grand besoin. Me trouuez
vous donq Pasithee (lui di ie) tant estrange-
ment changé depuis vn mois, que vous ne m'a-
uez veu? Oui en bonne foy, respondit elle. Mais
dites moy (ie vous prie) quel accidēt vous est suruenu, qui h'a ainsi empiré vostre santé? Vrayement si ie n'estois (di ie) assez sensitif de ma di-
sposition, vous mettriez ma santé en soupson. Si
toutefois vous iugez à ma face quelque altera-
tiōn interieure, vostre coutumiere perspicacité
n'ha point esté deceue : car les ordinaires pensees, qui me font tant rude & continuelle guerre, n'ont donné repoz à mon esprit trauaillé, tellement, que l'indisposition, laquelle vous pensez
auoir congnue en moy, se doit plustot nommer
fureur, qui vexe, & agite mon esprit, que non
pas maladie, qui distempere, ou debilite ma
personne. Haa, Solitaire, ostez ces paroles de
facheux presage (dit elle couurant le serain de
sa beauté d'une nuee meslee de pitié & en-
nui de mon mal) ià ne permette Dieu que tel
malheur empire vostre tranquillité, ni le con-

tentem

tentement que ceux, qui vous congnoiſſent, reçoiuent en voſtre bonne eſtime. Et certes (pour
ne vous en cacher ma fantaſie) ceſte melancholie, de laquelle vous paingnez voſtre viſage,
& accompagnez voſtre trop opiniatre ſolitude,
vous pourra en fin eſtre dommageable : & ne
me ſemble fort pertinente à homme de voſtre
aage, & voſtre qualité. Que pourroit la fortune aiouter à voſtre condition ? à la voſtre, di ie,
qui eſtes formel ennemi des cupides, & tant
viril impugnateur de l'ambition, que vous eſtes
pour auoir plus que vous ne deſirez ? Quant
aux graces, que les hommes bien naiz ou poſſe-
dent, ou acquierent, n'auez vous à remercier
Nature, qui de ſa plus large main : C'eſt aſſez
(di ie pour entreropre ce propos, lequel ie voyois
ſe continuer à quelques lauenges, que ie ne deſi-
rois d'ouir) c'eſt aſſez, Paſithee : il n'eſt beſoin
que ſus ſubiet de ſi petit merite vous faſſiez preu
ue de voſtre diſerte façon de dire : auſſi que ie
ne ſuis coutumier de crier en mes doleances,
que la fortune, ou la Nature m'ayent eſté chi-
ches.

ches. Pourquoy donq (repliqua elle) vous consu-
mez vous en ceste maniere de viure, que chacun iuge n'estre entretenue & nourrie, que du
plus triste desplaisir, qui puisse desplaire à
l'homme, lequel Dieu ha voulu former sus
tous, l'animal plus compagnable ? Et puis, non
content de ce (car la puissance, que vostre affection me promet sus vous, me permet encor d'u-
ser de ce langage) vous cherchez à vous esgarer
de vous mesmes, & sans en rien vous espargner,
vous imposez ce facheux nom de fureur, en
bonne foy vous deuriez oublier & la façon de
viure & la maniere de parler ainsi. I'ay à vous
mercier (respondi ie) & à me resiouir du bon
vouloir, que voz paroles à ceste heure me des-
couurent. Mais, à ce que ie voy, ce mot fureur
pour n'estre entierement entendu, vous ha mis
en erreur. Dites moy donq en quoy il vous semble tant à craindre, & ie vous diray apres
combien ie l'estime digne d'enrichir de sa qualité les plus subtilz & meilleurs esprits, qui se
puissent trouuer entre les professeurs des choses

hautes & non vulgaires. Ie ne say (dit elle) com
me vous esperez de le desguiser: mais si pensé ie
qu'apres que i'auray descrit la proportion de ses
membres, vous serez bien empesché à le masquer
si finement, qu'il ne soit recongnu de toute personne ayant remarché les contenances, que ie
say lui estre propres. Essayez (di ie) & n'oubliez
rien de ce, qui lui appartient. Fureur ne me
semble estre autre chose (poursuiuit elle) qu'vne
alienation d'entendement procedante d'un vice
de cerueau, que vulgairement lon appelle folie,
autant diuerse en ses effects, comme elle est engendree de diuerses causes, desquelles trois sont
insignes & memorables. La premiere (si le
souuenir ne me deçoit) procede de l'excessiue
cholere aduste, de laquelle ceux qui sont tour-
mentez, deuiennent soudains (si non continuelz)
à se perdre en cholere, sans estre aucunement
irritez, assaillent indifferemment tous ceux,
qui se treuuent deuant eux, les outragent de
coups, & de paroles, lesquelles ilz exagerent de
voix horribles, & à gorges ouuertes: ilz se tra-
uaillent

uaillent ſans ceſſe en frappant, rompant, deſſi-
rant tout, autant ſubietz à ſe batre, & affoler
eux meſmes, que prompts à faire le ſemblable
à autrui. Or voyez comme de ceſte eſpece de fureur vn bon eſprit pourroit indemnement eſtre
occupé. La ſeconde eſt cauſee de l'abondance du
ſang aduſte, & de ceſte ſorte il ſen treuue des
plus plaiſans (ſi de telles miſeres lon peult tirer
plaiſir) du monde. Car ilz rient inceſſamment,
ilz chantent en toute allegreſſe, & le plus ſouuent accompaignent leurs chants de la danſe.
Outre toute coutume ilz ſe vantent & glori-
fient, promettans d'eux les plus admirables ou-
urages, qu'on ſauroit eſtimer. La tierce vient de
la melancholie froide en ſon extremité. Et vrayement les affligez de ceſte eſpece ſont pitoyables,
repreſentans à la face eſtonnee vne certaine
frayeur, auec laquelle ilz ſont craintifs, dou-
teux, vexez d'angoiſſe doloreuſe, ſans ceſſe triſtes
outre le deuoir humain, & tranſportez en certains diſcours & ſonges tenebreux, ſe refigurent
les choſes paſſees & les futures, paintes de mi-

b　4　　　　ſerable

ſerable horreur , comme celui , qui craingnoit
qu'Atlas affoibli & las d'auoir ſi long tems ſou
tenu le Ciel, ſuccombaſt ſouz le faix, & le laiſ-
ſaſt ruïner ſus la Terre : & pour ceſte cauſe cou-
rant inceſſamment à toute haleine , cherchoit
l'endroit pour s'oſter de deſſouz. De telles mar-
ques ſont marquez les furieux , leſquelz ie ne
penſe , Solitaire , que vous puiſſiez tant ſubti-
lement deſguiſer , qu'au premier pas , qu'ilz feront en ſale, lon ne les deſcouure pour telz, qu'ilz
ſont. Vous auez (di' ie) tresbien aſſemblé les accidens, qui ſuruiennent à ceux, que vous nommez furieux : leſquelz neaumoins plus proprement ſont comprins ſouz le nom de manie, &
les retirent les Latins ſouz l'eſpece d'inſanie. Ie
laiſſe , pour ne ſembler chercher vne trop legere
eſchapatoire, la difference, que ie pourrois faire
entre furie, & fureur, & confeſſe que tresbien
& treſpertinemment vous les auez deſcrits.
Mais il vous plaira entendre, Paſithee, que
fureur (laquelle ie diffiniz auecques vous alienation d'entendement, ſans aiouter ce vice de
cerueau

cerueau)contient souz soy deux especes d'aliena
tions. La premiere procedant des maladies cor
porelles, dont vous auez parlé, & de son vray
nom l'auez bien appellee folie & vice de cerueau : la seconde, estant engendree d'une secrette puissance diuine, par laquelle l'ame raisonnable est illustree : & la nommons, fureur
diuine, ou, auec les Grecs Enthusiasme. Or faites iugement si ceste derniere sorte de fureur est
souhaitable, ou non. Excusez moy (dit Pasithee)car pour auoir suiui la plus vulgaire signification du mot, ie me suis trouuee deceue:
& vraymēt ie ne fais doute que de telle fureur
vous ne soyez espriz. Toutefois ie vous prie de
me dire , si ceste fureur ha quelques effects propres, par lesquelz lon puisse congnoitre ceux, qui
en sont agitez? si ha dea (respondí ie) & de tres-
excellens : car son propre est d'esleuer depuis ce
corps iusques aux Cieux l'ame , qui des Cieux
est descendue dedens ce corps : N'estce pas vne
œuure admirable ? Oui certes (respondit elle)
mais qui vous esmeult dong de vous douloir , si

Ἐνθουσιασμός,
Afflation de
Dieu.

b 5   tant

tant digne fureur vous occupe ? I'aurois (repliquáy ie) parlé trop à mon auantage, ſi ie mé-
ſtois ſimplement attribué ſi haute & celeſte ele
uation d'entendement, qu'eſt celle, à laquelle la
fureur diuine pouſſe les humains. Mais, à fin
que ie ne vous laiſſe prendre opinion que ie ſois
tant gourmand de gloire, que ie vueille me ſaou-
ler moymeſme de mes louenges, ſouuenez vous,
que ie ne me ſuis dit poſſedé de telle fureur. Bien
áy ie dit, que celle indiſpoſition, laquelle vous pen
ſiez auoir congnue en moy, ſe deuroit pluſtot
nommer fureur, que maladie. Si eſt ce que vous
n'eſchapperez ainſi (dit elle) car ie ſuis aſſeuree
que vous n'auez dit cela ſans cauſe: auſſi que
vous me feriez tort, ayant ouuert le propos d'u-
ne matiere, qui m'eſt obſcure & incongnue, de
ne ſatisfaire à l'enuie, que i'ay de la me voir eſclarcie. Ie ſeray treſaiſe (di ie) que le diſcours
de choſe, qui vous plaiſe, m'apporte occaſion de
ne vous point ennuier, pendant que de ma part
ie contenteray le deſir, que i'auois de vous voir:
& l'eſtaingnant en partie, me vengeray de lui,

qui

qui trop affamé m'ha eſſimé, comme vous
voyez: aumoins lui dóy ie imputer ce taint paſ-
le, qui au premier œil m'ha fait ſembler ma-
lade, à voſtre opinion. Se pourroit il bien faire
(me demanda elle) qu'vn deſir vous euſt ainſi
empiré? Il eſt certain reſpondí ie. Si treuue ie
eſtrange(repliqua elle) que le deſir, qui me ſem
ble eſtre vne action pure intellectuelle, faſſe tant
corporelle metamorphoſe. Ie veux (pourſuiui ie) vous effacer ceſte admiration par congnoiſſance de la cauſe, qui eſt telle. La naturelle puiſſance eſt peu ſuffiſante pour l'execution
de deux offices en l'homme, & s'affoiblit eſtant
diuiſee. Quand donq l'intention de celui, qui
deſire, eſt toute empeſchee aux penſers de la
choſe deſiree, la naturelle complexion deſpart à
la cogitation la plus grande partie de ſa puiſſance, laquelle fait faute à l'eſtomac, auquel
pour la digeſtion elle eſtoit deſtinee: dont il
auient que la plus grande part des viandes
demeure en indigeſte ſuperfluité, & la moindre encores demi crue, & non parfaitement
diger

digeree, eſt tiree au foye, ou, pour meſme raiſon
de la mauuaiſe concoction il s'engendre ſi petite
quantité de ſang ſemblablement crud , que les
membres n'en peuuent receuoir autant, qu'il eſt
requiz : & par ainſi demeurent extenuez, &
paſles, comme le viſage (miroir du ſang) denote
incontinent. Et bien bien (dit elle en ſouriant)
Solitaire, voſtre beau taint ſe pourra recouurer
auſſi legerement, comme legere ha eſté l'occaſion
de le faire effacer : & ce pendant faites moy
entendre ce , dont ie vous ay declairé mon enuie. Lors à ſon commandement ie commençay.
Les philoſophes Platoniques tiennent que l'ame
deſcendant en ce corps diſtribuee en diuerſes operations perd l'unité tant eſtimee, qui la
rendoit congnoiſſante , & iouiſſante du ſouuerain V N, qui eſt Dieu: tellement qu'en ceſte di-
uiſion, & diſparation de ſon vnité, ſes parties
ſuperieures endormies, & enſeuelies en vne lente pareſſe, cedent l'entier gouuernement aux in-
ferieures touchees ſans ceſſe des perturbations:
& ainſi demeure toute l'ame remplie de diſcor-

des

des, & deſordres difficiles à rapointer. Auſſi
c'eſt là, ou git l'euure : c'eſt là, ou conſiſte le labeur à tirer l'ame embourbee, hors de la
fange terreſtre, & l'eſleuer en la conionction
du ſouuerain V N, à fin qu'elle meſme ſoit re-
miſe en ſa premiere vnité. Or,pource que l'ame
en deſcendant,& s'abiſmant dens le corps,paſ-
ſe par quatre degrez, il eſt pareillement neceſſaire, que par quatre degrez ſon eleuation de
ça bas en haut ſoit faite. Quant aux quatres
degrez de la deſcente, le premier, & plus haut,
eſt l'Angelique entendement,le ſecond la Raiſon intellectuelle, le tiers l'Opinion, & le quart
la Nature. Vous treuuerez, Paſithee,ceci difficile, ſi vous ne hauſſez voſtre eſprit à la conception de tant grande choſe, & ſi vous n'uſez
de la coutumiere viuacité de voſtre apprehenſion pour les matieres ardues. N'entrerompez
par tel auertiſſement le fil de voſtre diſcours
(dit elle) car deſià ie ſuis familiere, & toute
acoutumee, à la lecture des philoſophiques
ſecretz, ne fut-ce que par la frequence de tel

ſubiet

ſubiet par voſtre entretien tout imprimé en
mon eſprit. Continuez donq, s'il vous plaiſt. Ie
vous ay dit (pourſuiui ie) que par quatre degrez l'ame deſcent, depuis le ſouuerain V N, com
mencement eternel de toute choſe, & qui tient
le plus haut lieu, iuſques au corps, qui eſt le plus
bas, & infime de tout. Ainſi il eſt apparent
que les quatre degrez ſont entredeux d'autant
moins parfaits, qu'ilz ſont plus eſlongnez de ceſt
V N: & ſi eſt aiſé d'entendre que ce, qui du plus
haut deſcent au plus bas, doit paſſer par ce milieu diuiſé en quatre degrez : deſquelz le premier, eſt l'entendement . Angelique le plus prochain de la ſourſe de l'unité, ou (comme ie di-
ſois) de celui, qui eſt le ſouuerain V N, & qui eſt
terme, commencement, fin, & meſure de tout,
combien qu'il ſoit immeſurable, eternel, infini,
& incomprehenſible, priué de multitude, &
de confuſion. Mais l' Angelique entendement
n'eſt tant accompli : car combien qu'il ſoit ſtable, & eternel, il reçoit toutefois multitude
d'Idees. Le ſecond degré eſt la Raiſon intellectuelle,

ctuelle, qui est vne puissance de l'ame consistente en bon ordre, & neaumoins c'est vne muable
multitude des congnoissances premieres, & diuerses argumentations. Le troisieme c'est l'Opinion, qui est (ainsi que la Raison) vne puissance
de l'ame, muable, & sans ordre, en multitude
d'imaginations diuerses, comprinses neaumoins
souz l'union de quelques points & de quelque
substāce: car l'Opinion est en l'ame, & de l'ame:
& l'ame est vne substance n'occupant aucun
lieu. Le quatrieme, que i'ay nommé Nature,
signifie celle puissance animale consistente en
l'office de nourriture, & generation, qui se res-
pand, & restraint dens le corps, duquel les parties, la multitude des accidens subietz au mouuement, & la substance diuisable, se offrent
tousiours aux yeux. Ie compren bien (dit Pasithee) les differences des deux extremes, & des
quatre milieux, mais ie suis demeuree en vn
doute, duquel ie vous prie me retirer. Si la Raison, l'Opinion, & la Nature sont (ainsi que vous
auez dit) puissances de l'ame, comme se fait
cela,

cela, quelles ſeruent de degrez à l'ame? Il ſemble
quen ceſte façon elle deſcendroit par ſoy meſme,
puis quelle meſme eſt ſes trois. Voſtre doute eſt
treſraiſonnable (reſpondí ie) & ſi n'eſt reſolu des
Platoniques en aſſez de facilité. Toutefois ie
vous diray, pour reſolution, ce que ien ay peu
comprendre. Ilz aſſeurent, que l'ame eſt produite du ſouuerain V N, & que de lui elle ha
premierement eſté ornee de l'unité: ceſtadire
quen ſa production elle contient vniment en
ſoy, & ſans aucune ſeparation reſpandue, &
diſperſee, toute ſon Eſſence, ſes puiſſances, &
ſes operations : & ce par le benefice de ce ſouuerain V N, qui non ſeulement vnit toutes les
parties de l'Ame, en l'Ame: mais encor vnit
par conionction l'Ame à ſoymeſme. Or en tant
que ceſte Ame eſt eſclarcie des raiz de la
diuine vnion, elle contemple en ſtable & immuable action les Idees de toutes choſes, tom-
bant par ce moyen de ſa ſourſe au degré Angelique, ou elle retient beaucoup de ſa grande
perfection, quelle diminue d'un degré lors que

(ſe

(ſe regardant ſoy meſmes , & non plus le ſouuerain V N) elle contemple les vniuerſelles raiſons des choſes , & par les ratiocinations di-
ſcourt depuis les principes iuſques aux conclu-
ſions. Entendez vous pas maintenant comme
en ceſt eſtat elle ha diminué ſa premiere grandeur d'un ſecond degré ? Voici encor , qu'elle
s'eſtant abaiſſee iuſques là, apres elle s'exerce
à reuoluer par l'opinion des curieuſes recher-
ches les particulieres formes , images, & eſpe-
ces des choſes muables , deſquelles les ſens l'ont
abruuee. Puis en fin , s'auiliſſant d'auantage,
deuient amie de ces formes particulieres , &
de la Nature, diſperſant ſa force à la generation, accroiſſement, & nourriture des corps.
Voila comme l'ame tombe par ce dangereux
precipice mondain, quand, s'eſlongnant de la
purité en laquelle elle eſtoit produite , elle ſe
plait à embraſſer le corps. Voila encor la di-
minution de la premiere perfection de l'Ame en
l'Ame, & ce, que i'entendois par ces degrez, ſelon l'aſſiete deſquelz les Ames humaines ſont

c   hauſſ

hauſſees en diuine & celeſte congnoiſſance:ou
baiſſees & plongees dedens les terreſtres & cor
porelles imaginations.Vrayment (me dit Paſithee) i'ay ſi facilement comprins la ruïne &
cheute de l'Ame,que ie deſire ſauoir auec quelle ayde elle ſe peult deſcharger des empeſche-
mens de ce peſant faiz corporel, & ſe rendre
legere & habile pour remonter au lieu duquel
elle eſt tant miſerablemēt deſcendue.Ie vous ay
dit (pourſuiui ie)qu'ainſi que la deſcente ſe fai-
ſoit par quatre degrez (& ſuis aiſe que vous
auez prins plaiſir de le comprendre) auſſi pour
remonter eſtoient neceſſaires quatre degrez,
leſquelz ſe peuuent comprendre en celle illuſtra
tion d'Ame,ou eleuation d'Entendement, que
ie vous ay dit eſtre nommee fureur diuine.
Car la fureur diuine,Paſithee,eſt l'unique eſca-
lier,par lequel l'Ame peult trouuer le chemin
qui la conduiſe à la ſourſe de ſon ſouuerain
bien, & felicité derniere. Grande (dit elle) &
admirable eſt l'efficace de tant rare voye , &
ne pourra mon eſprit demeurer calme premier

que

que vous m'en ayez fait entendre l'entier ache-
minement. D'autant que grande (respondi ie)
& admirable est l'efficace de tant rare chose,
deuez vous moins en esperer la congnoissance
par le moyen de mon bas, & peu subtil entendement: me confiant toutefois en ie ne say quelle promptitude, à laquelle l'esperon de voz diuines graces me pousse. Ie vous en diray ce, que
m'en dittera celle fureur (il faut que ie nomme
ainsi l'affection, que ie vous porte) de laquelle
le Soleil de voz perfections & celestes accom-
plissemens m'illustre, selon qu'il daigne, ou plus
ou moins fauorablement faire luire ses raiz
sus moy. Alors voyant que Pasithee s'estoit
mise en contenance de vouloir m'escouter, fein-
gnant n'auoir prins garde à mes dernieres paroles, en quatre sortes (poursuiui ie) peult l'home
estre espris de diuine fureur. La premiere est
par la fureur Poëtique procedant du don des
Muses: la seconde est par l'intelligence des mi-
steres, & secretz des religions souz Bacchus: la
troisieme par rauissement de prophetie, vatici-

nation, ou diuination souz Apollon : & la
quatrieme par la violence de l'Amoureuse affection souz Amour & Venus. Sachez, Pasithee, qu'en ce peu de paroles, & souz ces quatre
especes sont cachees toutes les plus abstraites &
sacrees choses, ausquelles l'humain Entendement puisse aspirer : mesmes la vraye & certaine congnoissance de toutes les disciplines, qui
si longuement (& souuent en vain) entretien-
nent les studieux à leur poursuite. Car il ne
faut croire, que, defaillant en nous l'illustration
de ces raiz diuins, & n'estant la torche de
l'Ame allumee par l'ardeur de quelque fureur diuine, nous puissions en aucune sorte nous
conduire à la congnoissance des bonnes doctrines & sciences : & moins nous esleuer en quelque degré de vertu pour, seulement de pensee,
gouter nostre souuerain bien hors des viles &
corporelles tenebres esclairees de l'obscure lampe, qui nourrit son feu en l'humeur des faulses
& deceuantes delectations. Or, m'acquitant de
ce, que ie vous doy dire, ie remets en memoire,

qu'ayant

qu'ayant esté le commencement de la cheute
de l'Ame du plus haut degré, il faut qu'elle
commence à remonter du plus bas. Ie di ceci, à
fin que vous congnoissiez que ie n'ay sans cause
en la description de la descente nommé les plus
hauts les premiers, & en ceste, que i'ay commen
cee de l'eleuation, au contraire. Donq le fond,
lequel l'Ame ruinant ça bas ha rencontré, ha
esté le corps, auquel elle se delecte & affection-
ne tant fermement, que, pour les diuers & contraires obiectz rencontrez, elle est contrainte de
separer, & distribuer ses puissances en diuerses
& contraires actions, tellement, que la superieure partie de soy est endormie, & (comme
on pourroit dire) estonnee du coup de si lourde cheute: & l'inferieure toute agitee & elan-
cee des perturbations, d'ou s'engendre vn horrible discord & desordre disposé en trop impro-
portionnee proportion. Incompatible par ce
poinct semble estre en elle toute iuste action, si
par quelque moyen cest horrible discord, n'est
transmué en douce simphonie, & ce desordre

c 3　　　impert

impertinent reduit en egalité mesuree, bien ordonnee , & compartie. Et de ce faire est pour
son peculier deuoir la fureur Poëtique chargee,
réueillant par les tons de Musique l'Ame en
ce, qu'elle est endormie, & confortant par la
suauité & douceur de la harmonie la partie
perturbee: puis par la diuersité bien accordee
des Musiciens accors chassant la dissonante
discorde, & en fin reduisant le desordre en certaine egalité bien & proportionnément mesuree, & compartie par la gracieuse & graue
facilité des vers compassez en curieuse obser-
uance de nombres & de mesures. Encor toutefois n'est ce rien: car il faut effacer l'inconstan-
te solicitude des diuerses opinions empeschees
au continuel mouuement de la multitude des
images, & especes corporelles : & faire que
l'Ame desià réueillee, & bien ordonnee, reuoque en vn ses parties & puissances ainsi escar-
tees & diffuses tant diuersement : à quoy est
propre la sainte communication des mysteres
& secretz religieux, au moyen desquelz les pu-
rificat

rifications, & deuotieux offices, incitent l'A-
me à se r'assembler en soy mesme, pour toute se
vouer en sacree dedication & entiere intention à la reuerence, qui la prosterne deuant la
diuinité qu'elle adore. Parquoy, quand ces diuerses puissances de l'Ame au parauant çà
& là en diuers exercices espandues sont re-
cueillies, & r'assemblees en l'unique intention
de l'Entendement raisonnable, la troisieme fureur est necessaire pour eslongner les discours de
tant de ratiocinations intellectuelles à l'entour
des principes & conclusions, & reduire l'Entendement en vnion auec l'Ame : ce qui auient
par le rauissement des propheties & diuinations. Aussi quiconque est esmu de fureur diuinatrice, ou prophetique, tout raui en interieure contemplation il conioint son Ame & tous
ses esprits ensemble, s'esleuant haut outre toute
apprehension d'humaine & naturelle raison,
pour aller puiser aux plus intimes, profonds, &
retirez secretz diuins la prediction des choses,
qui doiuent auenir. En fin, quand tout ce, qui

c 4   est

est en l'essence, & en la nature de l'Ame, est
fait vn, il faut (pour reuenir à la sourse de
son origine) que soudain elle se reuoque en ce
souuerain V N, qui est sus toute essence, chose,
que la grande & celeste Venus acomplit par
Amour, cestadire, par vn feruent, & incomparable desir, que l'Ame ainsi esleuee ha
de iouir de la diuine & eternelle beauté. Celà
deura suffire, Pasithee, à ce, que vous vouliez
sauoir, touchant les diuines fureurs. En bonne
foy (dit elle) puis que vous m'auez fait appetit
de tant delicate viande, vous auriez tort de
m'en donner si peu, & me laisser ainsi affa-
mee : mais, sil vous plait, vous ferez mieux.
De à, vous souuient il point combien de fois vous
m'auez solicitee d'estre instante à la poursuite des bonnes lettres ? Puis donq que souz le
subiet du discours commencé il semble qu'vne
grande varieté de disciplines soit comprinse, ose-
riez vous me refuser le fruit, duquel ceste occasion vous offre le moyen de me faire iouir ? veu
qu'encores ie vous ay oui dire, que la viue voix
ha

ha trop plus d'efficace , que la lecture, tant diligente qu'elle soit. C'eſt choſe aſſeuree (reſpon-
di ie) que la viue voix peult beaucoup en ce que
vous dites: mais celà ſe doit entendre, quand la
perſonne, qui eſcoute, ayme celle, qui parle. Et
n'y ha doute que le diſciple, qui eſt affectionné
à ſon precepteur, ha la memoire plus tenante
des choſes ouies de lui , que de celles , qu'il ha
leües en ſon ſongneux eſtude. Mais ſi la condition de l'amitié, & affection defaut en vous,
ie craindrois que ma parole ne ſe trouuaſt de
telle vertu en voſtre endroit, comme vous auez
dit. Et bien (dit Paſithee) voudriez vous pour ſi
froide excuſe me faire rougir d'un refuz? Paſithee (lui di ie) fuſsiez vous autant preſte de
m'employer, comme ie ſerois diligent à vous
obeïr: & receuſsiez vous autant agreablement
mon obeïſſance pour ſeruice, comme i'obſerue-
rois voz commandemens pour faueur. Auſsi
ne ſ'ay ie le retif, que pour le reſpect de mon
inſuffiſance : mais, à peine de demeurer ſouz
le faiz, ie m'offre à la charge, laquelle vous

c 5   m'imp

m'imposez. Donq (dit elle) commencez, & pour
m'interrompre l'ordre, lequel vous auez poursuiui
iusques ici, depaingnez moy premierement la
fureur Poëtique. La fureur Poëtique procede
des Muses (di ie) & est vn rauissement de l'a-
me, qui est docile & insuperable: au moyen duquel elle est esueillee, esmue, & incitee par
chans, & autres poësies, à l'instruction des hom
mes. Par ce rauissement d'Ame, ienten que
l'Ame est occupee, & entierement conuertie,
& intentiue aux saintes et sacrees Muses, qui
l'ont rencontree docile, & apte à receuoir la
forme, qu'elles impriment, c'est adire, l'ont trouuee
preparee à estre esprinse de ce rauissement,
par lequel estant esmue, elle deuient insuperable, & ne peult estre souillee, ou vaincue d'aucune chose basse & terrestre : mais au contraire
surmonte & surmarche toutes ces viltez. D'a-
uantage elle est esueillee du sommeil & dormir corporel à l'intellectuel veiller, & reuoquee
des tenebres d'ignorance à la lumiere de verité,
de la mort à la vie, d'un profond & stupide
oubli

oubli à vn refouuenir des chofes celeftes, & diuines : en fin, elle fe fent efmue, efguillonnee, &
incitee d'exprimer en vers les chofes, qu'elle
preuoid & contemple. Auſi n'entreprenne
remerairement chacun de hurter aux portes de
Poëſie : car en vain s'en approche, & fait fes vers
miferablement froids celui, auquel les Muſes
ne font grace de leur fureur, & auquel le Dieu
ne fe montre propice & fauorable. Quel Dieu ?
demanda Paſithee : les Muſes ne font elles feu-
les puiſſantes à ceſt effect ? (Ce mot Dieu (refpon-
di ie) entre les Poëtes, & quelques Philoſophes,
ſignifie toute puiſſance de diuinité, qui excede
le commun cours de la naturelle apprehenſion :
tellement que Iunon, Alecto, Venus, & quelques autres font aucunefois appellees Dieux,
aucunefois Deeſſes, ainſi que celui, qui en fait
memoire, veult donner congnoiſſance de quelque
fecrette conception. Il me fouuient auoir leu, que
les Carrenes veneroient en reuerente deuotion
la Lune, mais c'eſtoit fouz nom mafculin, af-
feurans que ceux, qui lui attribuoient nom fé-
minin,

minin, tous effeminez & afferuiz aux femenines & molles delices, chargez de ioug infuppor-
table fouz le commandemét des femmes, de-
uoient paffer leur vie: & que ceux, qui la reue-
roient en Deïté (comme on diroit) mafculine, li
bres de toute effeminee feruitude ne pourroient
eftre prins aux retz des delicateffes femenines,
mais tiendroient leur femmes fubiettes, & fle-
xibles à la bride de leurs voluntez. Auffi pour-
róis ie former affez de caufes pour du nom de
Dieu nommer la diuinité des Mufes. Toutefois pour mieux (& à la verité) m'efclarcir: par
ce Dieu, que i'ay dit, i'enten Apollon, qui eft
chef du facré chœur des Mufes. Ne peult donq
(dit elle) eftre fait vn Poëte fans la fureur des
Mufes, & l'ayde de ce Dieu? Cefte voftre que-
ftion Pafithee (lui refpondí ie) ha efté debatue
au plus excellent degré de difpute par Platon:
& fentiray ma refolution impugnable, fi ie puis
l'apuier fus quelqu'vne de fes raifons. Toutes les
humaines actions (dit il) font conduites & gou-
uernees ou par la fortune, ou par l'Art, ou

vraym

vrayment par la Diuinité. Confesserez vous
pas aysément celà à Platon. Vrayement (respondit elle) i'ay depuis peu de tems comprins
en son Timee tant de secretz, et me suis tant
illustree de sa lumiere, que ie serois ingrate
& ignorante refusant son autorité. Donq (suiui ie) il me reste à preuuer que ni la Fortune,
ni l'Art conduisent la Poëtique action, à fin
que ie vous fasse entendre que la seule Diuinité est liberale inspiratrice de ce don. Or, pour tirer la verité plus aisément, & la vous offrir cle
rement à l'oeil, retenez que l'action de la Poësie
s'estent ou en ceux, qui escriuent les vers, ou en
ceux, qui les recitent & interpretent. Les premiers s'appellent Poëtes : & telz furent iadiz
Homere, Thamire, Archiloque, Pindare, Hesiode, & la docte Sapho, qui fit honneur à vostre sexe, Pasithee, & qui ne se trouueroit au-
iourd'hui seule non plus, que les premiers Homere, Thamire, Pindare, & autres, lesquelz
vne petite troupe de noz Poëtes François repre
sente si viuement. Les seconds estoient nommez
Rhap

Rhapſodes, aſauoir ceux, qui recitoient, chan-
toient, & interpretoient les vers eſcrits par les
premiers Poëtes. Tel eſtoit Ion, nommé honnora-
blement par Platon, & deuant lui Metrodo-
re, Steſimbrote, Glaucon, & quelques autres.
Mais de noſtre tems ie ne puis alleguer perſonne pour exemple (car ie n'oſe admettre la
tranſlation en ce reng) eſtant tel exercice an-
cien depraué par ie ne ſay quel badinage, &
ridicule buffonnerie, que ie laiſſe pour vous dire,
que Ion eſtoit l'homme de ſon tems, qui auec
plus de grace chantoit, recitoit, & interpretoit
les vers d'Homere : ie di ſeulement d'Homere,
car de ceux d'Heſiode, ou d'Archiloque, il ne
ſe pouuoit auec meſme felicité empeſcher. Bien
eſt il vray, que s'il entreprenoit de reciter quelques traiz d'Homere, toutes Homeriques affections lui eſtoient tant familieres, qu'il flechiſ-
ſoit les eſcoutans la part, ou tendoient les vers
recitez d'eſmouuoir paſſion. Si donq telle ener-
gie euſt eſté des occurrences de fortune coutumiere de non pourſuiure & entretenir conſtam-

ment

ment vn mesmē fil, il n'eut rencontré en tout
(car telle n'est la façon fortuite) mais en partie seulement. En outre, lon estoit froid & sans
grace à reciter les vers d'Archiloque, d'Hesiode, ou autre, combien que leur argument &
subiet fut tel, que celui de son Homere. Mais s'il
auoit acquiz ses graces par Art, pourquoy ne
pouuoit il autant en l'un qu'en l'autre, puis qu'en
ce, dont vn Art est maistre, tout sien professeur
& artisan peult asseoir iugement ? Vrayment
puis qu'il estoit inhabile aux vers, qui, procedans
de mesme Art, contenoient (bien qu'Homere
ne les eust escriz) le subiet Homerique, & que
seulement il estoit affecté à son Homere, ie puis
asseurer que l'Art (non plus que la fortune)
ne lui seruoit de rien. Ie treuue (dit Pasithee)
vostre conclusion pertinente. Ne demeure main
tenant (aioutáy ie) mon intention prouuee, que,
puis que ce n'est ni la Fortune, ni l'Art, la
seule Diuinité conduit la Poësie? Non (me respondit elle) car vous parlez des Rhapsodes, &
interpretes, & non pas des Poëtes. Ou vous auez

(dí ie)

(di ie) enuie de me tromper, ou vous feingnez
de non entendre la maniere de conclure. N'eſt
il pas tout euident, que ſi l'Entendement humain n'eſt capable par Fortune, ou par Art,
de bien entendre & reciter la Poëſie ià eſcrite,
à plus forte raiſon la meſme inuention lui ſera
(s'il n'eſt aydé que de ces deux moyens) deniee?
Il me ſemble (reſpondit elle) eſtre bien neceſſaire. Mais (pourſuiui ie) oyez à quelle grandeur
ceſte fureur guide ceux, qu'elle inſpire. Il eſt im-
poſſible qu'vn Poete (tãt exercité ſoit il aux bonnes lettres) ayt aprins toutes les ſciences: pource
qu'vn humain entendement ne les ſauroit com
prendre, veu qu'à peine peult il atteindre à l'ac-
compliſſement d'une ſeule. Comment donq ſans
vn inſtinct de diuine fureur pourroit le bon
Poëte diuerſifier ſon œuure de tant de fleurs
cueillies tres à propos au floriſſant vergier de
toutes diſciplines? Mais d'ou viendroit celà, que
le Poëte admire (i'oſe dire trauaille à comprendre) la grauité, & le ſens de ſes vers, que l'inter-
ualaire fureur diuine lui ha dittez alors, qu
las

las & remiz il s'est allenti & retiré du labeur,
ainsi que le Dieu la laisse? Ie di d'auantage,
& en raporte le iugement à vous (car bien que
vous soyez Pasithee, si n'estes vous impassion-
nable) que celui, qui escoute, & entend le Rha-
psode, chantre, ou interprete de vers issuz du
Poëte, qui aura receu des Muses l'infusion de
quelque viue fureur, se sent esmouuoir le courage d'une diuine agitation. Croyez donq que
la fureur diuine, laquelle les Muses, & le
Musagete (ainsi se nomme leur guide Apollon) inspirent, fait non seulement le bon Poëte,
mais encores abruue de sa liqueur le Rhapso-
de, & ceux, qui l'escoutent reciter les vers. Aussi
estce ce, que le grand disert Romain Ciceron
entendoit, disant, en faueur du Poëte Ar-
chias, que plus souuent la nature sans doctrine, que la doctrine sans la nature auoit serui
& valu à la vertu & louenge : appellant du
nom de nature celle diuine agitation, comme
vn peu apres il declaire, affermant par l'autorité de grans & honorables personnages, l'estu-

de

de des autres choses consister en Art, preceptes
reigles, & doctrines, & le pouuoir du Poëte estre
naturel, comme esueillé des forces de l'Entendement, & quasi esmu & enflammé de quelque Esprit diuin. Vostre response ha suffisam-
ment satisfait à ma demande (dit lors Pasithee) mais ce n'est assez, si vous ne me faites
entendre quelle autre chose est appartenante à
ceste infusion de diuine fureur. Pource qu'en ceci (respondí ie) comme en toute autre chose, ie
desire de vous rendre contente, ie veux vous declairer vne grande partie de ce, que les fables
Poëtiques ont touché des Muses, souz l'escorce
de quoy le suc & la moelle se treuue de plusieurs
bonnes doctrines: & vous en pourrez aisément
recueillir ce, que vous demandez. Ie ne say (dit
elle) rien mieux, que les fables du cheual Pe-
gase, de la fonteine Cabaline, du mont Parnas-
se, & des neuf Sœurs, qui y habitent. N'estce pas
tout ce qu'on dit des Muses ? Celà en est quelque chose (respondí ie) mais le reste monte bien
d'auantage. Alors Pasithee m'ayant dit l'enuie,

uie, qu'elle auoit d'ouir le reste, & m'ayant prié
de rentrer en propoz, ie poursuiui ainsi: Les opinions des anciens sont tant diuerses en la description des noms, & du nombre des Muses, que
mal aisément pourrois ie, sans vous ennuier,
deduire vne telle confusion : aussi me suffira-
il, recueillant la superficie des diuersitez legerement & succintement, me haster pour m'a-
tacher aux plus celebres opinions. Donq les premiers faisoient mention seulement de deux
Muses, desquelles l'une representoit la specula-
tion, & l'autre l'action : pource qu'en ces deux
toute discipline est accomplie & absolue : ou
pource qu'en la contemplation, & en l'action,
consiste l'entier estat de ceste vie humaine.
Mais, depuis que les disciplines & sciences eu-
rent rencontré cours plus descouuert entre les
hommes, le nombre des Muses fut augmenté
iusques à trois, ausquelles Oto, & Ephialte filz
d'Aloee demeurans en Ascre pres d'Helicon, furent les premiers qui sacrifierent, & qui
les enrichirent (ce que parauant elles n'estoient)

de noms, appellans la premiere *Melete*, la
seconde *Mnime*, & la troisieme *Aoide*, appro-
prians ces trois noms selon le train, qu'à leur
iugement les professeurs des doctrines doiuent

Μελετη, medi-
tation.

suiure. Car par *Melete* (qui signifie du mot
Grec meditation)ilz entendoient le premier labeur du studieux, qui, pour acquerir le sauoir,
trauaille en diligente inquisition de son subiet:

Μνημη, me-
moire

par *Mnime* (qui signifie au vocable de mesme
langage memoire)il entendoient que l'acquise
congnoissance des choses doit estre mise en garde de la tenante memoire, pour (ainsi qu'on

Αοιδη, chãson

peult tirer la signification d'*Aoide*, c'est a dire
chanson) apres en parole diserte en faire part,
& les communiquer à ceux, qui voudront escouter. Encores de ce mesme nombre les anciens les nommerent autremeut en considera-
tion des trois sons, lesquelz plus facilement lon
discerne au tendre, ou au lacher de la corde
d'un instrument, ou en trois cordes diuerses, ou
inegalement tendues. La premiere estoit nommee Hypate, la seconde *Mese*, & la tierce
Nete:

Nete : pource que ces mots Grecs selon l'ordre,
que ie les ay nommez, signifient la basse corde,
la moyenne, & la haute. Voyez en vostre Leut
(ce disant i'auançay la main, & le prins) la
plus basse c'est Hypate, l'une de ces quatriemes,
ie pourrois nommer Mese, & celle, que vulgairement on nomme chanterelle, seroit Nete. Or
pour en prendre autre exemple moins superstitieux, oyez ce son, & le retenez pour Hypate:
oyez maintenant que, l'ayant tendue, elle sonne
plus haut, & soit ce ton, Mese: mais oyez encor
que, la tendant d'auantage, elle resonne plus ai-
guement, c'est ce ton troisieme, que i'auois nommé Nete. N'auez vous pas sensiblement comprins tant aux cordes diuerses, qu'en vne seule,
trois diuers sons? De ces sons estoient (comme ie
vous ay dit) nommees les Muses. I'ay (dit Pasithee) tresbien discerné la diuersité des sons,
mais ie desire sauoir, si les anciens se conten-
toient de trois tons simplement, ou s'ilz igno-
roient les autres, lesquelz nous diuersifions quasi en infinité. Et de qui (lui respondi ie) les tenons

ὑπάτη, la cor-
de du ton bas.
Μέση, celle du
milieu.
Νήτη, celle du
ton plus aigu.

nous, finon d'eux, qui nous en ont laißé la congnoiſſance telle, que nous l'auons, fans ce que le
tems outrageux nous en ha defrobé? Ilz auoïet
entendu que les tons, que vous dites eſtre diuer
ſifiez en infinité, n'excedent le nombre de fept,
defquelz le premier eſtoit nommé Hypate, le
fecond Paripate, le tiers Lychanon, le quatrieme Meſe, le cinquieme Parameſe, le fixieme
Paranete, & le feptieme Nete. Car le huitieme
nommé par noz Muſiciens double, ou octa-
ue, n'eſt autre choſe que Hypate reſonnee. Si eſtce
que les fept font nommez des trois Hypate,
Meſe, & Nete, que lon renge aux premiers
quatrieme & feptieme lieux. Mais ie veux
reſeruer à plus propre loiſir le diſcours de telle
diuerſité, & pour maintenant vous ſuffiſe que
tous les tons (i'oſe encor dire tous les accors) font
reduits en trois, ocaſion qui meult les anciens en
ce nombre reſtraindre les Muſes: Auſſi que
la perfection du nombre ternaire ha eſté en
tant d'eſtime entre les Pithagoriques, qu'ilz l'e-
ſtimoient eſtre la meſure de toute choſe: pource

que

que l'Architecte souuerain de l'uniuers dispen-
se toutes choses en trois, & reduit tout en mesme trois, comme ie pourrois dire le commence-
mens, le milieu, & la fin: le passé, le present, le
futeur: la creation, l'acroissement, & la perfection : la bonté, la beauté, & la sapience : la
congnoissance, le desir, & la iouissance. Ie laisse
expres plusieurs semblables contemplations, que
lon aioute à la louenge de ce nombre. Et vrayment (puis que le cours de ce subiet m'ha conduit iusques ici) à ce mesme propos ie ne veux
oublier de vous dire : qu'encor les anciens (aus-
quelz sans estre tachez d'ingratitude nous ne
pouuons refuser les remercimens de toutes bon
nes choses) disposoient les disciplines en trois gen
dres : asauoir l'un de Philosophie, l'autre de
Retorique, & le troisieme de Mathematique,
acouplans vn gendre desdites disciplines à cha
cune des Muses, lesquelles ilz feingnoient estre
accompagnees des Graces. Ne passez (dit Pasithee me coupant la parole) s'il vous plait, ce
mot des Graces, sans me faire entendre quelque
d 4   chose

chose de leur estat. Pour estaindre la soif, de
laquelle la studieuse & diligente curiosité vous
altere (respondi ie) entendez qu'il est tout accor-
dé entre les escriuans : qu'il y ha trois Graces
(autrement dites, du mot Grec, Charites) filles
de Iupiter & d'Eurinome, desquelles la race
est feinte diuine pour conduire les hommes (en
imitation de la beneficence & iustice celeste)
hors des brisees de l'ingratitude, autant nourrice, voire sourse de tout vice, côme sa contraire,
Gratitude, ou Recongnoissance, est mere de toute vertu. A ces trois Graces Eteocle filz d'An-
dree, & Enipe roy des Orchomeniens sacrifia le
premier. Or (pour passer legerement l'opinion
des Lacedemoniens, qui n'en recongnoissoient
que deux) de ces trois la premiere estoit nommee Aglaie, la seconde Thalie, & la tierce
Euphrosyne. Aglaie signifie splendeur, qu'il
faut entendre pour celle grace d'entendement,
qui consiste au lustre de verité & de vertu.
Thalie signifie la verde, agreable, & gentile
beauté. asauoir celle grace des lineamens bien
conduits,

conduits, & des traiz, desquelz la verde ieunesse embellie est coutumiere de plaire. Euphrosyne est la ioye, que nous cause la pure delectation de la voix musicale, & harmonieuse. Vous
me refreschissez (dit Pasithee) la memoire
des trois beautez, desquelles, selon ce qu'auez dit,
les trois Graces me semblent estre presidentes.
Quelles trois beautez (lui demandái ie) entendez vous? La beauté (respondit elle) de l'esprit,
que ie recongnois souz Aglaie, celle du corps
souz Thalie, & la tierce de la voix souz Euphrosyne. Vrayment (dí ie) Pasithee, vous auez à
propos & tresgracieusement embelli de voz
beautez les Graces. Ie n'enten (repliqua elle)
que cest embellissement procedant de ma part
empesche que vous ne continuez de les agencer,
comme vous auiez commencé. Ie poursuiuray
donq (dí ie) & vous feray ouir vne autre signification de leurs noms. Car par Aglaie est entendu le contentement, que le bienfait aporte:
par Thalie la tousiours fresche & verdoyante
memoire, que nous en deuons auoir : & par

d 5   Euph

Euphrosyne la commune allegresse & de celui,
qui donne, & de celui, qui reçoit. Vous ennuira
il point (me demanda elle) de dire qu'entendoient les Lacedemoniens par les deux Graces,
desquelles vous m'auez touché vn mot? Par l'une
(respondí ie) ilz entendoient le bienfait non
vanté, & par l'autre, la recongnoissance procedante d'un cœur ouuert & non feint: l'une estoit
nommee Clite, & l'autre Phaene. Mais, re-
tournant aux trois, elles ont esté peintes toutes
nues , pour faire entendre que le bienfacteur
ne doit enrichir son bienfait de paroles recom-
mandables & en sa faueur : bien qu'autrement elles furent formees vestues par Socrate
lors, qu'il manioit encor le ciseau, le maillet, &
& la pierre , declairant que le bienfait (tant
s'en faut qu'il doiue estre reproché) doit estre
teu, & celé de celui, duquel il procede. Et vrayment ie vous en pourrois faire voir vn pourtrait
de main (quelle qu'elle soit) tresexperte : auquel
l'une (& c'est Aglaie) tient vne rose : Thalie
vn dé à la mode des anciens Tales: & Euphrosyne

ſyne vn grand rameau de Myrte , ſignifian
la ioyeuſe & gracieuſe facilité, auec laquelle les
bienfaiz reconcilient les diſcors , ou lient plus
eſtroitement ceux, qui par amitié deſià ſe ſen-
tent entr'obligez. Reſte encor à n'oublier (ſelon
l'auertiſſemēt que Platon fit à Zenocrate, hom
me triſte & ſeuere) que ceux , qui deſiroient
adoucir l'aigreur de leur mœurs difficiles , &
intraitablement melancholiques , eſtoient coutumiers de faire vœux, & ſacrifice aux Graces pour retourner (comme lon dit) en la grace
des Graces. Uous donq (dit Paſithee ſouriant)
leur deuez & vouer & ſacrifier en feruente
deuotion, à fin que ceſte voſtre trop continuelle
melancolie s'euapore, & vous ſoyez retiré de la
triſte ſolitude, qui vous eſſime, & conſume. Iay
(lui repliquáy ie) lon tems ha, ſacrifié à vne
Grace ſeule acomplie des Graces des trois autres, ainſi comme elle porte le nom de l'une , de
laquelle, combien que ie lui aye voué & offert
mon tout , ie ne puis impetrer gracieuſeté ſuffiſante pour me rendre moins diſgracié. Uous
le

le sauez Pasithee : car c'est à vous à qui ie
m'adresse, & qui portez le nom, que les anciens
ont attribué à Euphrosyne: vous le sauez si i'a-
dore, ou si ie fains & dissimule la seruitute. Et
quand bien vous fermeriez l'huis à vostre cre
dulité, n'ay ie pas desià fait preuue de ma deuotion? N'est pas encor le brasier de mon affection ardent deuant vostre image? Les inconso-
lables plaintes de mes peines ont elles point pe-
netré iusques à voz oreilles, & les effects de
ma fureur (puis qu'il faut que ie le die) vous
sont ilz incongnuz? De à Solitaire (dit Pasithee, sourougissant & interrompant mon
propos, lequel, comme transporté, ie voulois faire filer plus longuement) ie vous prie ne vous
alterez pour si peu. Se peult il faire qu'vn mot
vous eslance si viuement, qu'il vous soit force
(poursuiuit elle se r'asseurant auec vn modeste
souzris) comme mal mené de vous reuolter contre moy, & venir aux outrages? Haa non, voz
doleances me sont assez familieres. Donq ne
permettez qu'elles bannissent maintenant &

les

les Muses, & les Graces de ce lieu. Pardonnez
moy Pasithee (lui di ie ayant d'un soupir fait
place à ma parole) & croyez non mon impa-
cience , mais la violence de mon affection m'a-
uoir si legerement poußé à telle faute. Toutefois
vous demeurant en ce lieu, mes tenebreuses &
tristes paroles n'en pourroient chasser les Graces , desquelles vous me semblez estre l'unique
simulachre : & moins les Muses, qui vous re-
congnoissent pour leur Minerue. Et à fin que
ie retourne à elles, vous ayant dit ce, qu'il me
peult estre en memoire des Graces, i'aioute, que
par les trois Muses aucuns ont entēduz les sons
procedans de deux manieres d'instruments:
asauoir de ceux, qui s'entonnent du vent, comme fleutes & les semblables : & de ceux , qui
resonnent au maniment des cordes , comme
Lutz, Lires, & autres : puis pour la troisieme
les sons procedans de voix naturelle, & animale. Mais il est tems que i'accroisse ce ternaire,
& sans m'abuser longuement sus le nombre
de quatre approprié aux Muses pource que
les

les instrumens musicaux de ce temps là estoïet
diuersifiez en autant de tons, ou montez d'autant de cordes : ni sus le nombre de sept, repre-
sentant auec sept Muses les sept tons , desquelz
ie vous ay parlé, ou les sept Ars liberaux : il est
tems dí ie que i'entre au plus plaisant espace
& vsité chemin de ce mien petit voyage , pour
rencontrer le nombre plus commun & parfait
des Muses, qui sont neuf filles de Iupiter, & de
Μνημοσύνη, Mnemosine, ou Memoire.　Ce nombre semble
memoire. auoir esté engendré du ternaire, que i'ay approprié aux trois Muses, aux trois Graces, & aux
trois especes des disciplines. Premierement, suiuant l'histoire recitee qu'en la ville de Sicyon
lon entreprint de faire trois statues des trois
Muses, ou (comme disent aucuns) des trois Gra
ces pour estre dressees en lieu, d'ou elles peussent
seruir de souuenir : combien celles , qui estoient
representees (ou fussent les Muses, ou fussent les
Graces) : car i'ay leu & l'un, & l'autre, appor-
toient de commodité à la vie humaine, selon les
puissances, qui leur estoient attribuees? Et pour
les

les auoir plus parfaites, furent esluz trois Statuaires excellens chargez chacun d'en faire
trois, à fin que de neuf les trois plus acomplies
fussent choisies pour satisfaire au vœu. Mais
estant auenu, que, les images acheuees, les neuf
Statuaires auoient tant egalemēt attaint au
but de perfection, qu'il ne fut possible de prefe-
rer l'un à l'autre ouurage par edit, les neuf (au
lieu de trois) furent esleuees & dediees à neuf
nouuelles Muses nommees depuis par Hesiode.
Dauantage ce nombre de neuf est creé du ternaire des disciplines procedant de chacune vnité
vn ternaire, chose que ie vous feray euidente, si
vous voulez ouir de quantes pieces chacune des
trois disciplines est acomplie. Continuez Solitaire (dit elle) car vous voyez comme ie suis toute
intentiue à voz paroles. La philosophie (poursuiui ie) premiere discipline se diuise en trois,
ayant pour sa premiere partie celle admira-
trice & amie de la verité simple: i'enten la raison, vagant ordinairement par la contemplation de l'ame raisonnable, qui par elle s'eslieue

iusq

iusques à la profonde sapience incomprehensi-
ble bonté, & beauté incomparable, de la sourse
(c'est Dieu) des sapiences, bontez, & beautez,
qui peuuent rauir en admiration l'humain
entendement. La seconde partie consiste en
celle humaine & necessaire diligence (ie l'enten
necessaire pour l'entretien de la tranquilité ioin-
te au commerce & compagnie des hommes)
auec laquelle lon ha rabotté les scabreuses, brus-
ques, & barbares mœurs: &, les polissant, lon les
ha rendues faciles, acointables, & traitables,
ioingnant auec vne compagnable & politique
ligature, les mœurs des hommes mieux compa
tissans, et simmetriez ensemble. A quoy semble
en bon ordre succeder le troisieme membre de ce
corps philosophiq, qui trauaille en la curieuse
recherche des œuures de Nature non contente
de recueillir la congnoissance de la faculté des
corps simples, euidens, & ordinairement occur-
rens sus la superficie de la terre. Mais encor
(voyez la songneuse indagatrice) comme ana-
tomisant les intestins de Nature, arrache les
causes

causes naturelles des choses dehors des tenebres,
ou la difficulté, & l'ignorance les tiennent en-
seuelies. Ainsi de l'intellectuelle, & contem-
platiue raison de la vertueuse bride refrenante
les mœurs, & de l'obiect des corps, & naturelles causes d'iceux, sont faites trois pieces de disciplines Theologienne, Morale, & Naturelle,
rassemblees en la cõpaction d'un parfait corps
philosophique. La Rhetorique, seconde discipline (qui n'est autre chose qu'vne industrie de
fleschir en bien disant les courages des escoutãs)
reçoit mesme diuision, de laquelle la premiere
partie est celle agreable façon de bien dire, qui
loue, ou vitupere disertement son subiet entrepriz. La seconde s'exerce à suader, ou dissuader
vn fait miz en auant, taschant de donner entendre qu'il soit bon, ou mauuais, de l'executer.
Et la troisieme, plus familiere en noz Senats,
se peine par accusation rendre vn coulpable
puni, ou par deffense mouuoir les iuges à l'abso-
lution de l'accusé : & nomment les professeurs
de Rhetorique le premier gendre demonstra-

                    e   tif,

tif, le second deliberatif, & le dernier Iudiciai-
re. Reste maintenant la troisieme discipline
à diuiser, c'est la Mathematique, de laquelle
la premiere partie ioint à l'unité les nombres,
& ces nombres acouple, diuise, soutrait, discerne, & acorde les paritez, ou imparitez, en autant infinies façons (peu s'en faut) que les nombres se peuuent estendre en infinité. La seconde
auec sens & iugement considere, & discerne
les differences des sons aiguz, & des sons gra-
ues, montrant encor comme lon peult accor-
der diuers sons, & diuerses voix, & har-
monieusement en diuersifier vne. La troisieme
compasse la Terre, & le Ciel, & mesure leurs
hauteurs, profondeurs, longueurs, largeurs, ap-
propriant l'un à l'autre en tres iustes & infal-
libles dimensions. De ces trois la premiere es
nommee Aritmetique, la seconde Musique
& la tierce Geometrie, comprinses souz ce nom
de Mathematique. Voila comme les anciens
ayans en la diuision de ces trois disciplines augmenté le nombre ternaire en neuf, voulure

ce mesme nombre estre attribué aux Muses,
lesquelles ilz iugeoient presider sus toutes disciplines. Ie pensois, ayant poursuiui mon discours
à ce bout, auoir assez dit, & demeuré muet, ie
regardois Pasithee, quand: Et bien (dit elle) ne
voulez vous autrement satisfaire à l'enuie, que
i'ay desclarcir en mon esprit ie ne say quelle
espesse, & nebuleuse souuenance, qui m'est sur-
nee en vous escoutant? Vrayment vous ne
m'auez encor rien dit (ce me semble) des Muses, desquelles vous m'auez promiz tant de choses. Lors, m'estant excusé sus la crainte de
l'ennuier, & elle m'ayant osté ce doute, ie pour-
suiuis: Combien que grande soit la diuersité
des raisons, qui ont esmuz les anciens à feindre
neuf Muses, si ne s'en treuue il point qui ne
semble estre fondee sus assez bon respect. Et
puis que vous le me commandez, ie tascheray,
non par tel ordre que vous pourriez desirer,
mais comme ie pourray, l'arracher de ma memoire, de vous entretenir de ce, dont il me sou-
uiendra. Ie di donq, que la plus frequente &

vulgaire opinion eſt , que Iupiter engendra en
Mnemoſine les Muſes : ceſtadire, que le Crea-
teur ſouuerain de tout (que les anciens cou-
uroient du nom de Iupiter) ha produit de ſa
memoire (car celà ſignifie Mnemoſine) & congnoiſſance de ſoy , les Muſes , aſauoir les Entendemens eſleuez aux conceptions, & contemplations des choſes eternelles, auſquelles non la
corporelle matiere, mais ſeulement l'intellectuelle partie peult atteindre. Auſſi Platon deduit
les Muſes d'un verbe Grec, ſignifiant s'embeſon-
gner à rechercher diligemment, côme qui nom-
meroit les Muſes rechercheuſes (ſi vous receuez
ce mot) ou indagatrices, veu qu'elles recherchent
la congnoiſſance des choſes hautes & celeſtes,
ſuiuant les traces des Naturelles, ſenſibles, &
Mathematiques. Ioint que Helicon (montaigne
deſtinee pour leur peculiere & ordinaire
demeure) ſignifie, ſans trop eſlongner l'etimologie
du mot, vn ordre, ou reuolution, ſouz quoy ie
compren l'infinie ſapience, par laquelle les entendemens contemplateurs courent, & diſcou-
                                              rent

rent infatigablement, ſoit ou par la haute meditation des miſtiques & ſecretz ſens de la
profonde & ſainte theologie, ou vrayment par
l'admiration des œuures naturelles, comme ſem
blent deſigner les deux ſommets, qui montrent
ceſt Helicon fendu & ſeparé en deux. Quelques
autres croyent que lon feint les Muſes habiter
les montaignes, pource que les lieux moins fre-
quentez, & plus ſolitaires, ſemblent eſtre plus
delectables aux hommes ſtudieux : & que les
ſommets d'Helicon denotent que l'entendement,
auec la ſapience les ſciences & diſciplines par
lui acquiſes, reſide en la teſte, comme au plus
digne, & eminent lieu de la perſonne. Encor
n'eſt à ce propos impertinente l'interpretation
de ceux, qui diſent les Muſes eſtre appellees filles de Iupiter, & de Memoire: pource que, à qui
deſire s'enrichir de ſcience & diſcipline, la force
& vertu de l'entendemẽt, & de la memoire, eſt
inſignement, & neceſſairemẽt neceſſaire. Vous
oubliez (dit Paſithee) de me declairer leurs
noms. Ie ne l'oublios (repliquáy ie) mais i'atten-

dois de les nommer à ce propos. Platon au di-
xieme de l'institution de sa Choserepublique,
attribuant à chacune Sphere vne Syrene, qui
chante, semble vouloir entendre les Muses par
celle consonance parfaite en accord des huit
spheres, desquelles chacune en represente vne,
& l'entiere simphonie composee des huit fi-
gure la neuuieme nommee Calliope pour son
excellence, tenant (au tesmoignage de tous les
Poëtes)le premier & plus honorable lieu, comme aussi en leur assiete celeste elle embrasse
tous les autres degrez. Car à la premiere sphere, ou sied la Lune, est ordonnee Clion : &
suiuant le nombre selon le reng, que ie leur
donneray, à celle de Mercure Euterpe : à Uenus Thalie : & Melpomene au Soleil, sus lequel Terpsichore acompagne Mars, & Erato
Iupiter : puis Polimnie Saturne,estant la huitieme Ouranie logee au Ciel estoilé:mais la
neuuieme (c'est Calliope) embrassant les huit,
preside, & comprend seule toute la harmonie.
Toutefois ceux, qui font Bacchus compagnon

des

des Muses (car les autres les acompagnent
d'Apollon , & aucuns de Pallas Minerue)
transportez de plus haute contemplation, disent,
que les Cieux ont chacun vne ame pourueue
de deux puissances : l'une intentiue & conti-
nuellement vacante à la congnoissance & contemplation de son eternel facteur , le Moteur
premier : & l'autre en la viuifiante action du
peculier mouuement, & gouuernement de sa
sphere : & à chacune de ses ames donnent
deux noms : attribuant à la premiere puissance, que ie di intentiue à son premier Moteur,
le nom d'un Bacchus : & à l'autre, motrice, &
gouuernante, le nom d'une Muse : mais non en
obseruation de l'ordre , que i'ay desià designé.
Car ilz nomment au Ciel de la Lune celle premiere puissance, Bacchus licnite, & la seconde
Thalie : En Mercure, Bacchus, Silene, & la
Muse Euterpe : En Uenus, Bacchus lisie, &
Erate la Muse : En la sphere Solaire, Bacchus Trieterique, & la Muse Melpomene : puis
Bacchus Bassaree, & la Muse Clion : en celle

e   4   de

de Mars, & en celle de Iupiter, Sebasie, &
Terpsichore : demeurant pour Saturne auec
Bacchus Amphiete Polymnie : puis au huitieme Ciel Bacchus Pericionie, & Ouranie : En
fin, pour la premiere puissance de l'ame du
Monde, Bacchus Eribrome, & pour la seconde
Calliope, la princesse des Muses. Comment (dit
Pasithee) se peuuent assembler les Muses auec
ces Bacchus ? Celà (respondí ie) ce doit entendre,
que les Entendemens esleuez en contemplation
& congnoissance de la Diuinité sont enyurez
du Nectar diuin : cest adire, iouissent en rauissement inexplicable de la verité & lumiere eternelle & diuine, en laquelle, selon les Platoniques, consiste le souuerain bien de l'humain entendement. Et pource qu'encor le Monde ele-
mentaire est viuant (comme soutiennent les
theologiens Ethniques : car les Hebrieux n'estoient
de ceste opinion) & pourueu d'ame, ainsi que
les spheres, ilz approprioient à la premiere
puissance de l'ame de la Terre Pluton, & à la
seconde Proserpine : A l'Eau Occean, et Tethis :
à l'Air

à l'Air, Iupiter foudroyant, & Iunon : & au
feu, Phanete, & Aurore. Ceste assemblee
des Muses, & de Bacchus (dit Pasirhee) me
semble tressubtilement inuentee, & me fait
prendre enuie de sauoir pareillement l'opinion
de ceux, qui font Apollon compagnon des Muses. Apollon entre tous les Dieux poëtiques
(poursuiui ie) est le plus desguisé par fables &
etimologies de son nom, comme de Platon en
son Cratile, & de ceux qui se sont delectez à la
description & interpretation des fables. Et
pource que ie semblerois oisiuement & imper-
tinemment parler, vous remplissant les oreilles
du vocable Grec. Apollon, qu'ilz ont dessiré, &
recousu en tant de sortes, etimologisant & for-
mant des mots ou selon la proprieté de leur
lãgue, ou à leur fantasie, ie laisseray ce poinct,
& ces diuersitez pour le vous rendre simplement cõpagnon de noz Muses. Si bien (dit elle)
la langue Grecque ne m'est la plus familiere
& vsitee, si me plairáy ie du moins (encor que
ie ne mire beaucoup à la diuersité des langa-
e 5 ges)

ges) à ouïr quelques vnes des Grecques opinions
à ce propos. Ie suis (repliquáy ie) prest à vous
en satisfaire. Donq ilz ont nommé le Soleil,
Apollon, d'un mot signifiant perdre ou destrui-
re, pource que par sa chaleur, il consume le suc
des herbes verdoyantes, lesquelles il rend auec
les fleurs seiches & fenees : ou bien pource que
par l'intemperie de sa chaleur il perd & occit
de peste les animaux. Ilz l'ont nommé Dieu
des diuinations, pource que le Soleil descoutre
& met en lumiere les choses obscures. Encores
est il nommé (& ceste etimologie prinse des Latins n'est impropre à nostre langue) Soleil, comme estant le seul œil du Ciel, qui nous esclaire
le iour, & qu'entour les Poles il circuit & enui-
ronne le Monde. D'auantage on lui attribue
vn char à quatre roues, pource qu'il accomplit
son cours de l'an en quatre saisons diuerses, selon
son mouuement. Puis quatre cheuaux lui sont
atelez, pour l'esgard des quatre parties du iour :
car le premier cheual, nommé Erithree, signifie
rougissant, aussi le Soleil au matin : se descou-

descou-

ure en vne lumiere rougiſſante : le ſecond
Aethon (ceſtadire luiſant) repreſente celle
partie du iour qu'il entre en ſa plus replendiſ-
ſante, & lumineuſe vehemence : Le tiers ſe
nomme Lampros, qui ſignifie celle part du
iour, quand le Soleil eſt monté au centre de
ſon cercle : & Philogee, aymant la terre, ſignifie l'heure que, ſe baiſſant, il va en l'occident.
En outre ilz nomment Apollon, comme deli-
urant, & nettoyant, pource qu'il eſt Dieu de
medicine, qui nous guerit & purge des maladies. Ilz le nomment Hecatæe, & archer,
pource que les raiz ſolaires ſont ainſi que fleſches inceſſamment deſcochez ſus la terre : auſſi
le peingnent aucuns ayant à main droite les
Graces, & en la gauche tenant l'arc & les
fleſches, pource qu'il eſt plus ſalubre, que peſti-
lentiel. Mais que voudrois ie plus longuement
vous entretenir d'une mer de varieté, qui me
pouſſeroit touſiours plus loing de noſtre propos
commencé ? Declairez moy donq maintenant
(dit elle) pourquoy lon le renge auec les Muſes.

ſes. Pource (reſpondí ie) que le chant eſt propre
exercice des Muſes, & peculiere induſtrie
attribuee au muſicien Apollon : & pource
qu'elles neuf auec Apollon repreſentent dix
inſtrumens, membres, parties, ou organes du
corps, qu'il eſt beſoin d'employer pour former la
parole, & voix articulee. Premierement ſont
neceſſaires quatre dens, qui occupent le reng
deuant droit au milieu de l'ouuerture de la
bouche, contre leſquelles la langue frappe, & ſi
vne, ou deux de ces dens defaillent, la parole
interrompue d'un ſifflement indecent demeure
imparfaite & mal gracieuſe. Plus, les deux
leures, qui (ſelon qu'elles ſont fermees, ou bien
ouuertes) accommodent les mots, que la langue
articule, ainſi qu'elle ſe courbe, flechit, ou con-
tourne en vn, ou autre coſté du palat, qui de ſa
concauité, comme par repercuſſion, engendre
& repouſſe le ſon auec l'ayde, que lui eſt de-
partie par la reſpiration, & l'haleine, que les
polmons (comme des ſoufflets) pouſſent & retirent par l'artere autant qu'il eſt beſoin d'en re-
ſtraind

ſtraindre, ou diſpenſer à ceſt office. Ceſte eſt
vne raiſon de l'accointance d'Apollon & des
Muſes, à laquelle lon peult aiouter, qu'eſtant
les Muſes appropriees au Ciel, il ſemble eſtre
aſſez raiſonnable qu'elles ſoient familieres du
Soleil, nommé Apollon, lequel les Philoſophes
ont iugé Prince, & recteur du Ciel, ou il fait
la reuolution de ſon cours par ſimmetrie tant
bien ordonnee, qu'il attaint, & illuſtre toutes
les parties du Monde, reciproquant, comme en
vne ritme on obſerue meſure, vne conſonance
mutuelle, & commenſuration des tems, & ſai-
ſons l'une à l'autre infalliblement conſecutiues.
Dauantage pource qu'il conduit les voix des
animaux, & les ſons des choſes non animees,
il eſt dit conducteur des Muſes, entre leſquelles il acquiert tant bon nom de Muſicien, qu'il
eſt receu pour maiſtre du ſacré choeur des
neuf pucelles. Puis (dit Paſithee) que vous ren-
trez au propos des Muſes, me ſauriez vous
dire, pourquoy lon leur attribue pluſtot le ſexe
feminin, que le maſculin? Il eſt (reſpondí ie)
aſſez

assez euident qu'en plus grand nombre les perfections sont nommees femelles, que masles,
ainsi que la femme est embellie de plus de diuerses perfections, que l'homme : donq entre les
autres estant les vertuz, & les sciences femi-
nines, il sembloit estre necessaire, que les Muses encor fussent nommees de mesme sexe pour
montrer qu'ainsi que la femme est excellem-
ment constante, l'erudition & la vertu sont la
plus stable & immuable possession, que lon se
puisse acquerir, ne receuant, au parangon de
soy, l'approche d'autre (tant grande soit elle) excellence. Lors en souriant, ie vous remercie Solitaire (dit Pasithee) de l'auantage, que vous
donnez à ce sexe accusé ordinairement d'in-
constance & legereté. Mais ie crain que ce,
que vous en dites, soit plus pour me contenter
(car possible soupsonnez vous que ie me laisse
auec plaisir chatouiller aux louenges) que pour
resolution veritable à ma demande. Non, non
(lui respondí ie) Pasithee: ie m'asseure que vous
ne me tenez en reputation de ceux, qui vsent

leurs

leurs langues en flateries : Bien veux ie vous
auertir (puis que vous m'auez piqué) que ce,
que i'ay loué en vostre sexe , est l'unique faute,
que ie plain (pour n'oser dire blamer) en vous.
Comment donq (repliqua elle) pensez vous que
ie sois tant mal nee , que la vertu puisse empi-
rer, pour se loger en moy? I'enten (aioutáy ie) que
la constance en vous acompagnee de tant d'ex-
cellences , est l'mpiteux Tyran, qui souz vostre
obeïssance, Pasithee , me persecute, & tient en
martire insupportable, et continuel. Car, ayant
mon iugement (assiz sus la congnoissance des
rares vertuz , & acomplies perfections , qui
vous decorent) engendré en moy vn desir d'attaindre , ou l'Amour me contraint d'aspirer: ie
rencontre vostre constance armee de liberté,
qui vous sert d'vn si ferme apui, que ie ne puis,
tant soit peu , vous fleschir en vne simple estin-
celle de reciproque affection. Ainsi la constance en vous m'est autant nuisante, & ennemie,
puis que si fermement elle est clouee à vostre
liberté, comme de tout amant aymé , elle est
desiree.

desiree, & louee en sa maistresse aymee. I'enten bien que c'est, Solitaire (dit elle) vous auez
enuie d'entrerompre auec voz plaintes la con-
tinuation de nostre discours : mais si n'aurez
vous de moy replique à vostre dernier propos
pour maintenant. Parquoy ne laissez de me
dire, si vous sauez quelque autre raison, qui ayt
esmu les anciens à feindre les Muses femelles.
Combien (lui respondí ie) qu'il me fust plus
agreable de me douloir de vous à vous, pour du
moins essayer d'esclarcir l'euidence, qu'auez desià de ma seruitute, si attendrái ie vne autre op-
portunité, pour, vous obeïssant, aiouter à ce que
ie disois, qu'en respect de la fertilité & feconde
abondance des disciplines, dont l'entendement
se remplit, par plusieurs & diuerses congnoissances lon comprend les Muses souz des noms
feminins : ou pour le grand fruit, qui naist de
l'esprit enceint de bon iugement, ainsi que la
femelle feconde conçoit, & d'elle prend la creature naissance. D'auantage les Muses (à fin
qu'encor ie vous declaire quelques vnes de leur
façons

façons de faire) entrelacees l'une auec l'autre
dansent en chantant des hymnes appropriez
aux louenges des Dieux : & signifie tel entre-
lacement, que la vertu ne peult estre separee,
ou desiointe des studieux, & sinceres amateurs
de sapience & doctrine. Par la danse s'entendent l'allegresse le contentement, & la dexterité d'esprit, que les lettres apportent : & par
les hymnes diuins est signifié, que le fondement,
& certain principe des disciplines est d'estre
tousiours esleué vers la diuinité, & ayãt Dieu
en la bouche, former en son saint vouloir
l'exemplaire de sa vie. Mais i'oubliois quasi
qu'elles sont dites pucelles & nõ mariees: pource
que les disciplines, & vertuz peu familieres, &
pratiquees, sont moins affectees, ou ornees de su-
perfluité ambitieuse : ainsi que les vierges reti-
rees en lieu escarté, non fardees, sont contentes
de leur naturelle beauté, sans affecter le de-
core & agencement exterieur. Or ne pensez
que ceux, qui les ont aymees par le passé, ayent
oublié aucun trait de leurs formes, & vray-

ment

f

ment i'ay souuenance, qu'ilz leur ont attribuez
des cheueux noirs, ou à cause des secretz recelez
souz l'obscurité (de laquelle la couleur noire est
vn propre simbole) des fables, & poësies : ou
bien, pource que l'obscurité de la nuit semble
estre plus propre & commode au studieux labeur, & à la profonde contemplation des choses hautes, & meditation des disciplines. Encor
me souuient il qu'elles sont coronnees de Palme,
nommee par les Grecs Phoinice : pource que les
Pheniciens (bien que cela non encor resolu soit
miz en controuerse) ont gaigné la reputation,
d'auoir esté les premiers inuenteurs des lettres :
ou (& plus vrayment) pour la nature de cest
arbre, qui est tousiours verdoyant, fecond, &
fertile de fruits doux, de longue duree, enuieil-
lissant aussi tard, comme il est lent à croistre en
sa parfaite hauteur, qui, toutefois, deuient telle
que malaisément l'on peult monter à sa cime:
ainsi que les Muses sont fertiles de diuerses
disciplines, & que la congnoissance d'icelles est
plaisante, mais long en est le labeur, & tant
haute

haute la perfection, que mal aisément y peult
on attaindre. Quelques autres ont dit quelles
ont des coronnes de plumes, d'ou les Poëtes fein-
gnent leurs paroles æslees, & leurs vers volans.
Ilz ont tiré ces manieres de parler (si ie ne me
trompe) d'une ancienne fable, qui ne vous sera
ennuieuse. Iunon autant ennemie de la race,
laquelle Iupiter, son mari, multiplioit en tant
de diuers lieux, que ialouse des meres, desquelles
il s'acointoit, taschoit par maintes preuues (com
me vous auez leu en cent endroits dens les
Poëtes) de satisfaire à son implacable colere,
& insatiable desir de vengeance, qui l'esmut,
entre autres essaiz de son animosité, de persua-
der aux Sirenes enflees de la reputation, qu'elles auoient de bien chanter, & assez promptes
& familieres d'en faire montre, de deffier les
Muses, & faire auec toute industrie leur deuoir de les vaincre, chose quelles entreprinrent
assez legerement : mais elles encor plus legerement furent vaincues, n'estant en rien leur chãt
parangonnable à celui des Muses, qui, pour en-

f 2 seigne

seigne & signe de leur victoire , leurs arrache-
rent les plumes , & s'en firent les coronnes, desquelles (comme i'ay dit) l'on les feint estre ornees,
pour signifier que les mauuais & ineptes Poëtes, coutumieres de s'attacher en mesdisant aux
bons, en fin sont vaincuz , & ne rapportent de
leurs folles & outrecuidees entreprinses, que la
honte & le deshonneur, vnique priz deu à leur
impudence. Ie n'ay (dit Pasithee) iamais bien
entendu quelles sont ces fabuleuses Sirenes. Les
fabuleux escriuains (di ie) en ont escrit diuersement : car les premiers ne faisoient memoire,
que de deux , desquelles ie n'ay (que ie me sou-
uienne) iamais trouué les noms, ni autres chose digne de voz oreilles. Et pour ceste cause il me
suffira de vous faire ouir ce, que i'ay en memoire de l'opinion plus familiere des doctes: suiuant
laquelle, ie di qu'il y auoit trois Sirenes, l'une
nommee Parthenope, l'autre Ligie, & la
troisieme Leucosie. Elles (entre autres choses
qu'on en recite) estoient tant intimes amies &
fideles compagnes de Proserpine , fille de Cere
quelle

quelles estoient tousiours ensemble, & mesme
quand Ceres fut rauie. Parquoy elles esmues du
iuste dueil de la perte de leur chere compagne,
entreprinrent de n'oublier aucune partie de la
terre, en laquelle elles ne la cherchassent. En fin
estant leur trauail vain, elles impetrerent des
Dieux les æsles à fin que plus aisément elles
peußet suiure toutes les eaux, & là trouuer ce,
qui leur auoit esté denié de rencontrer en la terre. Ainsi elles furent transformees en oiseaux,
retenant toutefois la face feminine, & la douceur de la harmonieuse voix. Mais tel essay
n'apporta aucun fruit, & ne peurēt onques rencontrer leur compagne. Dont ennuiees iusques
au desespoir, s'arresterent en la mer Sicilienne,
ou par leur chant elles attiroient les nauigans:
& les ayant endormis, les faisoient noyer. Les
autres disent, que les Sirenes estoient femmes
douces de tresseraines & harmonieuses voix,
qui, seiournants en vne Isle, donnoient par leur
chant tant de delectation aux passans, qu'ilz
s'arrestoient, & s'oublioient tellement, qu'ilz en

 mour

mouroient : Ou, selon vne autre opinion, les Sirenes sont petis oiseaux, ayans la face comme
vne femme, qui chantent fort melodieusement:
mais l'vnique fin de la volupté de leur musique est la mort. Encor me souuient il auoir leu
qu'elles ont la partie superieure comme vn Pas-
sereau, & l'inferieure comme femmes diffor-
mes par quelque ressemblance d'vn Coq. Les
Poëtes (dit Pasithee) ont ilz tant diuersifié ces
Sirenes sans cacher souz telles fables quelque
sens de plus solide erudition ? Combien (lui respondi ie) que ie ne sois de l'opinion de ceux, qui
estiment que des fables vne grande partie est
plus vestue de delectation, que remplie de secretz
ou naturelz, ou moraux, ie ne pense toutefois
estre chose fort necessaire de s'effiler le cerueau
à tant serue curiosité : aussi que si desià ie vous
en ay fait ouir quelques allegories, ie ne pourrois pourtant vous promettre de continuer en
toutes les autres fables. Et vrayment (si ie le
faisois) vous m'estimeriez plus ocieux, que discret
à la despense du tems, & des paroles. Neaumoins

moins, pour ne m'excuser auec vn entier refuz,
sachez, que la vraye histoire des Sirenes est,
qu'en quelques destroits de la Mer se treuuent
des rochers, qui dedens leurs concauitez reçoiuent les flots ordinaires des eaux contraintes,
& faites impetueuses entre ces rocs, d'ou s'engendre (comme il est euident, & aisé à croire)
vne voix aigue & sifflante à cause de l'air ven
teux poussé, & repoussé par ces creuses cauer-
nes au cours, & recours des ondes, sus lesquelles
les nauigants ne peuuent passer qu'auec certain,
ou presque ineuitable naufrage. Mais oyez ce,
que lon peult tirer de sens allegoriq de ce fables,
ce mot: Syrene de sa Grecque etymologie signifie   Συ̒ϱειν, attirer.
attrayāte, & sont en nombre de trois: pource
que les plus subtiles amorces, qui attirent aux
amoureuses voluptez, consistent ou à la familiere frequentation, ce que signifie Parthenope,
par l'acointable & simple façon des pucelles: ou
à la veüe : car Leucosie pour sa blancheur represente la lumiere cause en partie de la veüe:
ou à la voix, & Ligie est le nom de la derniere

f 4   Syr

Syrene, qui autrement signifie vn instrument
Musical, ou douceur de chant. Quant à ce, que
lon leur donne des æsles, c'est pource que les
amoureuses pensees suiuent d'une incroyable
legereté la chose aymee, comme encor les Syrenes en toute vistesse diligenterent à la queste
de Proserpine. Et de ce peu soyez, s'il vous plait,
contente quant aux Sirenes. à fin que ie retourne aux Muses, ausquelles le Laurier est attribué : pource que lon l'estime l'arbre consacré
à Apollon, & qu'il est propre à l'inspiration, & Enthusiasme : ou pource que les anciens croyoient qu'en goutant & maschant du
Laurier on estoit incontinent espriz de Poësie : ou plustot pource qu'ainsi que le Laurier
est tousiours verd, les vers des bons Poëtes
iamais ne meurent, mais sans cesse verdoyans viuent par les bouches des doctes hommes. Aussi pour cest esgard les Poëtes des
siecles plus heureux en signe d'une certaine immortalité estoient coronnez de Laurier. Ie
prendrois bien plaisir (dit Pasithee) de sauoir
                                            que

que ſignifient les noms des Muſes. Souz l'ordre
(continuáy ie) des noms des Muſes eſt ſub-
tilement celee la maniere, & lordre parfait,
moyennant leſquelz lon paruient à l'intelligence accomplie des doctrines, & ſciences. Premierement il fault vouloir ſauoir, & puis ſe delecter en celle volonté : en apres eſtre en inſtante
meditation ſongneux pourſuiuant de la choſe,
qui delecte, laquelle conſequemment il faut
apprendre: & l'ayant apprinſe, fermement la
s'imprimer en memoire : puis s'exercer à au-
gmenter & renouueller de ſes inuentions ce,
dont lon ſe ſouuient, & balancer auec iugement
ce, que lon inuente : & ayant eſlu ce que le iugement promet eſtre meilleur, mettre auec
gracieuſe facilité & promptitude en lumiere
la choſe eſlue. En ce peu que i'ay dit, ſi vous y
auez prins garde, Paſithee, ſont neuf actions
diſcernees, deſquelles chacune repreſente le nom
d'une des Muſes. Ie ne pourrois (dit elle) me re-
ſouuenir de l'ordre qu'auez tenu, comprenant en
ſi brieue parole ſi long diſcours. Mais, ie vous

f ſ prie,

prie, faites le moy entendre plus facilement:
l'auois la bouche ouuerte (lui dí ie) à ceste fin,
& voulois vous dire, que la premiere c'est Clion,
par laquelle il faut entendre la premiere volonté d'apprendre, qui, nee d'une opinion fondee
sus la bonne renommee des sauans, chatouille
nostre pensee de l'amour des sciences. Euterpe
est la seconde, & signifie bien delectant: pource
que celui, qui ha vouloir & desir d'apprendre,
se doit secondement delecter en ce, qu'il veult &
desire. La troisieme Melpomene represente la
continuelle meditation: car ce n'est le tout, que
d'auoir la volonté, & se delecter d'apprendre,
mais encor est la solicitude, & non lente poursuite necessaire. Thalie, qui tient le quart reng,
signifie le fruit de la semence du diligent &
laborieux poursuiuant: i'enten le fruit, lequel
celui, qui, suiuant son desir, & le plaisir qui le
rend ardent au trauail studieux, reçoit en l'apprehension de la discipline suiuie: laquelle quãd
il l'ha apprinse (comme Polimnie se peult expo-
ser grande & heureuse memoire) il est necessaire

Marginal notes:

κλέος, renom-
mee.

Ἐυ, & Τέρπω,
bien delecter.

comme qui di
roit Μελέτην,
Ποιουμένη, me-
ditation fai-
sant.

Θάλλειν, ger-
mer, pululer,
ou florir.

quasi Πολυ-
μνήμων, grande
memoire, ou
memoire de
plusieurs cho
ses.

faire qu'auec memoire tenante il conserue : & puis selon le nom de la sixieme Muse Erato, signifiant inuention de semblables (bien que la deduction du mot soit à la libre façon des Grecs tiree d'assez loing) il est trespertinent que lon aioute quelque chose du sien à la discipline, que lon tient en memoire, & que lon l'enrichisse de ses propres inuentions:non toutefois qu'il soit permiz de s'esgarer temerairement en ses inuentions, & indifferemment les approuuer, mais bien, apres auoir auec la dexterité de l'entendement tournoyé autour des choses inuentees (car Terpsichore se delecte aux contournemens des danses & plaisantes instructions) discerner auec iugement bien instruit les bonnes des friuoles:&,reiettant cestes,choisir les bonnes & louables, qui est vne irrecusable preuue d'excellent & celeste entendement, ami de la huitieme Muse nommee Ouranie. Mais quelle fin de tout ceci? non autre que celle, que Calliope nous signifie , ainsi nommee pour la perfection de bonne Voix : c'estadire,

que

quasi, Ἐυρων ὅμοιον, trouuant, ou inuentant semblable.

Τερψιχόρη, se delectant des danses.

Ὀυρανία, celeste.

Καλλίοπη, bonne voix.

que toute personne accomplie en ce, que ie vous
ay dit estre entendu souz les noms des huit autres Muses, doit declairer, & mettre en euidence auec toute les graces de bien dire, les disciplines acquises, & ce qu'auec iugement non
deceu il peult eslire de bon & receuable par ses
inuentions. Vrayment (dit Pasithee) vous
m'auez apprins en ce petit discours vne chose,
laquelle i'auois long temps desiré de sauoir : &
me souuient que quelquefois ie me suis plainte
à vous de ce, que ie sentois en mon esprit vne
confusion de choses, lesquelles ie ne pouuois
desgluer l'une de l'autre, & les mettre dehors
auec quelque prompte facilité. Toutefois vous
m'auiez simplement dit, que l'indisposition de
la lecture des liures, & la mauuaise dispensa-
tion des heures en estoit cause. Encor (lui respondí ie) n'estoit ma response eslongnee de
raison : aussi que ie ne me suis point apperceu
de celle confusion, qui vous rende moins aisee
à vous expliquer. Mais, au contraire, ie ne
puys n'admirer en si ieune aage, en si delicate

person

*perſonne moins propre pour endurer le labeur
de l'eſtude, à laquelle encor (autant à mon re-
gret, qu'au voſtre) vous ne pouuez deſpendre que
le tems deſrobé : ie ne puis, dí ie, non admirer
en vous l'abondãce de tant de gentilz diſcours,
la congnoiſſance de tant de diuerſes choſes, la
promptitude de voſtre langue diſerte, & la fertile viuacité de voſtre diuin eſprit auec ces
graces infinies, qui m'ont tant indiſſolublement
lié à voſtre obeïſſance, & me tiennent admi-
rateur continuel de voz rares vertuz. Gardez
vous auſſi que le trop de modeſtie, qui vous fait
ſouuent eſtendre au meſpris de voz graces, &
plaindre du default des perfections, lequel à
grand tort vous vous imputez, n'irrite les Mu
ſes, & non ſeulement les eſmeuue à reſtraindre celle prodigue liberalité, auec laquelle elles
vous font ouuerture de leurs cabinets, mais
encor retirent & vous oſtent ce, que vous auez
d'elles. Quand elles ce ſeroient miſes en colere
contre moy (repliqua Paſithee, me regardant
du meilleur œil) ie m'aſſeure que vous, qui leur
eſtes*

estes tant seruiteur, trauailleriez en tout deuoir, pour les appaiser, & les me rēdre amies:
feriez pas, Solitaire? Vous estes trop certaine
(lui respondí ie) auec quel contentement ie
m'employe à vostre seruice. Et toutefois il ne
faudroit que vous attendissiez de moy ayde en
cest endroit: car cōment pourróy ie estre agreable à celles qui ne vous auroient en grace? à
celles, qui ne me fauorisent, sinon autant que
vous l'impetrez d'elles, & que la deuotion, que
ie vous porte, les prie? Mais il vaut mieux que
vostre modestie diminuee laisse plaindre les
simples & ignorantes, & ne mesprise de vous
en vous ce, que les bons iugemens louent & re-
uerent. Ne despendez tant (dit elle) de voz couleurs à me paindre, Solitaire, qu'il n'en reste pour
acheuer voz Muses: & me dites pourquoy en
les nommant vous n'auez tousiours obserué vn
mesme ordre, les logeant chacune en son reng
ordonné. Vous m'auez (lui respondí ie) fait
grand tort de me ietter dehors de la carriere,
en laquelle ie me pourmeine le plus volontiers.

Toute

Toutefois vous satisfaisant ie di: que chacun ha
disposé les noms des Muses, & les ha accom-
modez selon qu'il en desiroit tirer quelque sens,
ou doctrine proufitable, comme i'ay fait, &
veux encor faire maintenant, sans m'asseruir
à ordre certain : chose dont ie vous auerti volontiers, à fin que vous ne trauaillez à y prendre garde. Clion peult signifier louer, ou se peult
tirer d'un mot Grec prochain de sa denomina-
tion signifiant renommee, ou gloire: pource que
les doctes sont coutumiers d'honorer autrui, &
& d'estre reciproquement honorez : ou pource que les louenges des Poëtes apportent ordinairement gloire. & enrichissent la renommee
de celui, auquel elles sont dediees. Ceste fut, selon quelques opinions, inuentrice de l'histoire,
& est inuoquee comme presidente du stile
historien. Euterpe est appellee delectable &
plaisante, en respect du plaisir, & de la delectation que reçoiuent ceux, qui se font audi-
teurs des honnestes disciplines. Aussi lui attribuent aucuns l'honneur de l'inuention d'icelles
les

les autres seulement de la dialectique, & disent qu'elle se plait aux instrumens, qui se iouent
à souffler, comme fleutes, & autres semblables.
Thalie de son nom est verdoyante, comme faisant reuerdir, & reuiure la vie des doctes, &
prolongeant en longs siecles la louenge, laquelle
le Poëte donne à autrui, & s'acquiert à soy-
mesme. Encor aioutent les interpretes, qu'elle
rend la conuersation des doctes recreatiue, &
delectable. Aucuns l'ont honoree de l'inuention des Comedies: les autres de Geometrie, &
les autres de l'agriculture, & solicitude des
plantes. Melpomene tient son nom ou du mot
Grec, signifiant chanter, ou de la douceur de
voix: pource que les vers chantez & bien appropriez à la voix, ou (pour mieux dire) la
voix bien appropriee aux vers, delecte mer-
ueilleusement les escoutans : aussi que les vertueux & les doctes Poëtes ne cessent de cele-
brer les louenges & des Dieux, & des person-
nes vertueuses: & qu'aussi la meilleure, & plus
saine partie des hommes les loue incessam-
ment.

ment. A ceſte ci lon attribue les Tragedies, ou
les chanſons, & encor, au rapport d'aucuns, la
Rhetorique. Viēt apres Terpſichore, ainſi nommee pource qu'elle ſe plait aux danſes, ou pource
qu'à cauſe du fruit naiſſant des bonnes doctrines elle delecte les eſcoutans, & eſt plaiſante à
voir. Encor ont aiouté les vns que ſon nom ſignifie la delectation, que reçoit d'elle vne bien
grande partie de noſtre vie, comme eſtant inuentrice du Leut, & autres telz inſtrumens.
Ainſi que i'ay leu, lui eſt attribuee en chef celle
douceur & humanité, qu'on void reluire aux
perſonnes bien nees auec l'inſtitution des bonnes lettres. Puis Erato qui peult, tirant ſon nom
d'Amour, eſtre ſurnommee aymable, rend les
lettrez aymables, & louables en tout lieu. Lon
etymologiſe ce nom autrement, & le tire lon
d'interroger, & reſpondre, comme l'un & l'autre eſt bien duiſant aux perſonnes curieuſes,
qui par diſputation ſauent cribler les opinions,
& par les raiſons en eſlire la verité tellement,
qu'en ce nom toute la Philoſophie eſt repre-

g   ſen

Τέρπω, ie de-
lecte.
Χορεία, la dan-
ſe.

Ἔρως, amour.
ἔρομαι, i'inter-
rogue, et Ἀπο-
κρίνομαι ie re-
ſpon.

fentee. Aucuns lui attribuent l'inuention des
instrumens qui se iouent de l'archet, comme la
Lire : aucuns des danses, aucuns de la Musique, & les autres de la Poësie. Combien que
lon dit, qu'à cause de l'inuention des vers, lon
ha appellé celle, qu'au septieme reng ie nomme
maintenant Polymnie, comme Polyhymnie.

πολὺ, beau-
coup.
ὕμνος, hymne,
ou cantique.

Aussi est son propre d'estre ornee de plusieurs
louenges, & de chanter & louer les vertuz
d'autrui tant en prose, qu'en vers, & tant en
histoires, qu'œuures Poëtiques (desquelles elle ha
plus de solicitude) ne cesse, & ne se lasse de pu-
blier l'honneur, & les faicts des predecesseurs,
& d'auantage, rend d'une gloire immortelle les
chants des Poëtes recommendables à la poste-
rité. Lon dit qu'elle inuenta les mines & contenances auec lesquelles ceux, qui font ouir &
representent les comedies, & autres ieux (ainsi
nomme le vulgaire telle espece d'escriture) ou
plus ridicules, ou plus serieux, expliquẽt à ceux
mesmes, qui n'oyent, ou entendent les paroles,
leur intention: esmouuans aux spectateurs ou
le riz

le riz, ou l'indignation, ou la pitié, & les plus internes paßions, en faisant parler les doits, les mains, le corps, voire le mesme silence. Au reste, lon ne lui peult asseurer autorité sus aucune discipline particuliere. Car si l'un lui dedie la Geometrie, l'autre lui attribue L'histoire: celui la Grãmaire, cestui l'Agriculture, ou la Musique, & lirique Poësie: mais lon loge l'honneur de la huitieme en plus haut lieu, estant du Ciel nommee Ouranie, comme science vniuerselle des choses naturelles, surnaturelles, & diuines: ou pource que le Ciel soutient, tient, & contient tout ce, qui est, soit diuin, & eternel: soit corporel, & perissable: ou pource que le Ciel est estimé voir toutes choses & de nuit, & de iour: & encores pource que les anciens nommoient tout l'uniuers, Ciel. Ie puis aiouter, qu'elle est ainsi nommee, pource que les doctes sont, comme le Ciel, congnuz par tout: ou pource que les doctrines eslieuent leurs professeurs iusques au Ciel: ou pource que la doctrine, & la sapience, haussent l'entendement à la contemplation des cho-

οὐρανὸς, le Ciel.

ſes celeſtes : auſſi, lon la fait preſider à l'Aſtro-
logie. Calliope, qui ſurpaſſe les autres à bien
chanter, eſt touſiours miſe au dernier lieu. Ceſte
eſt eſtimee la bien diſante, qui auec ornement
de diſertes paroles ayde beaucoup à l'admini-
ſtration des choſes publiques, flechiſſant aux
aſſemblees non à force, mais par douces &
perſuaſiues harangues le courage du peuple. Et
pour ceſte raiſon lon eſtime qu'elle acompagne la maieſté des Rois venerables, & magna-
nimes, la grandeur des puiſſans Empereurs, les
ſublimes eſprits des hommes vertueux, deſquelz,
pource que la vie enrichie de diuerſes vertuz eſt
neaumoins ornee d'un ordre admirable, &
non iamais contrariant à ſoymeſme, lon lui attribue la varieté, & la nomme lon inuentrice
de Poëſie: pource qu'ainſi qu'elle eſt l'aiſnee de
toutes les Muſes, auſſi la Poëſie eſt la plus ancienne de toutes les diſciplines & de tems, &
d'honneur, en augmentation duquel Iupiter
remit au iugement de tant excellente Muſe
la deciſion d'un different nay entre Uenus, &
Proſerp

Proserpine à cause du gentil Adonis, lequel
& l'une & l'autre vouloit auoir tout sien. Mais
Calliope appointa, que Venus en iouiroit vne
moitié de l'année, & Proserpine l'autre. Voila,
Pasithee, vne bonne part de ce, qui ha esté escrit
des Muses. Regardez si ceste diuersité peult
m'aquiter de la promesse, que ie vous auois faite. Vrayment, dit Pasithee, vous me les auez si
bien descrites, & si viuement representé leurs
vertuz, que ie puis dire que vous estes leur frere. Car il me semble, que si vous n'estiez filz de
Memoire, mal aisément pourriez vous ainsi
par le menu, si promptement en dire tant de
choses. Mais i'ay cuidé (continua elle en riant)
faire vne lourde faute. Comment donq Pasithee? lui dí ie. En bonne foy (respondit elle) ie
vous ay cuidé nommer filz de l'une d'elles, ayant
quasi oublié que vous les auez nommees pucelles. Vrayment (lui dí ie) elles vous sont obligees
du respect, que vous auez à leur honneur. Si
estce qu'elles n'ont esté tant opiniatres en l'obser-
uance de la cõtinence, qu'il ne leur soit eschappé

g 3

d'auoir

d'auoir quelques enfans. Deà (repliqua Pasithee)que dites vous? Estes vous desià las & re-
penti de les auoir mises en si louable estime? Ie
vous prie, Solitaire, ne me faites rien ouir à leur
desauantage. Haa non Pasithee, ie n'ay garde, di ie, mais si ne puis ie taire ce, que i'ay leu
en plusieurs bons Auteurs, touchant l'accroisse-
ment de leur race. Toutefois fortifiez la bonne
opinion, qu'auez de leur chasteté, d'un bastillon
d'allegories: & pensez, que ceux, qui les ont feint
si fecondes, entendoient ceux estre leurs enfans,
qui se sont trouuez excellens professeurs des arts
ou disciplines, qui leur sont particulierement dediees. Aussi (aiouta elle) ne croiróy ie pas, que,
sans respect de quelque secrette & absconse intelligence, les Poëtes eussent dens le cloz de leurs
fables voulu tant outrageusement captiuer la
pudicité de leurs Maistresses. Soit, comme il
vous plaira, lui respondi ie, (ar ceste derniere
& tant renommee Calliope, ayant d'Achelois
engendré les Sirenes, se fit Apollon tant ami,
qu'elle en eut trois filz, l'un nommé Ialeme, l'autre

tre Orphee, & le tiers Hymenee. Aussi fut
Hymenee inuenteur des vers iambiques, &
chants Nuptiaux: Orphee est au nom seulement assez congnu pour excellent Musicien digne filz de tant musicienne Muse, & reputé
tant fauorit, & mignard de sa mere, que Uenus (se presentant du iugement par lequel
Adonis lui fut seulement aiugé pour six mois)
n'ayant peu ou par soy, ou par son filz Cupidon,
souler son desir de vengeance sus Calliope, choisit
le moyen sus Orphee, incitant les Traciennes
bacchides eniurees de le faire mourir, et mettre
en pieces, & sus son frere Ialeme, inuenteur des
chants lugubres & deplorations funebres. Car
elle lui refusa les naïues graces, qui font la personne venuste (mot deduit de Uenus) & agreable: tellement, que de ce miserable print sourse
le prouerbe accommodé aux choses denuees de
toute grace, il est plus froid que Ialeme. Or, à
fin que ne teniez Ouranie en autre estime, que
sa sœur (continuáy ie voyant Pasithee, qui fein-
gnoit d'une bien bonne grace en estre fort fas-
g 4 chee)

chee) lon asseure que Line, ce grand Poëte, qu'il me suffit de nommer, sans le louer d'auantage, fut son filz : mais le pere n'est certain. Car aucuns en soupsonnent Apollon, & les autres Amphimare, filz de Neptune, qui acquit grande reputation entre les Musiciens. Elle eut d'Apollon vn autre filz nommé Aristee, &, qui voudra croire aucuns, Hymenee : lequel i'ay desià auoué à Calliope. Encor Polymnie eut vn filz (ie n'ay souuenance du nom du pere, & ne le pensè auoir leu) nommé Triptoleme, qui fut excellent en agriculture. Et Erato d'vn pere, qui ne m'est congnu, fut mere de Thamire, qui premier (combien que les autres donnent cest honneur à Alcman Poëte Grec) chanta l'amoureuse passion. Toutefois i'ay leu, qu'il estoit filz d'vn Philammon, & la Nymphe Argiope Terpsichore s'acointa si familierement d'Achelois, qu'elle en fut mere des Syrenes, bien que guidé par bons Auteurs ie vous aye dit qu'elles estoient filles de Calliope. Mais quand il seroit ainsi, encor ne demeureroit l'allegre Terpsichore

sans

sans enfans, ayant de Mars, Bisthone, & Rhese d'un nommé Astrimone : desquelz ie ne say autre chose que le nom. Ie confesserois librement que Melpomene fut pucelle, n'estoit qu'elle est soupsonnee d'auoir esté mere des Syrenes. Quant à Thalie, il est tout commun que Palephate est son filz, ie di ce Palephate, qui estoit homme docte, & ha escrit des arbres : aussi est (ainsi que vous auez entendu) la mere estimee inuentrice de l'Agriculture. Euterpe n'auroit point eu d'enfans, si Rhese (lequel aucuns donnent à Terpsichore) n'estoit à elle. Et Clion n'en eust onques, si Ialeme, Hymenee, & Line, lesquelz i'ay dit estre, les deux premiers à Calliope, & Line à Ouranie. Si, véux ie dire, ceux là ne sont à Clion, ie l'estime auoir demeuré continente. Ainsi, Pasithee, les anciens esmuz non tant de leurs simples fantasies, que de l'industrie de cacher quelques secrets souz telles fictions, ont diuersifié l'estat des Muses : duquel ie penseray vous auoir assez longuement entretenue, quand i'auray aiouté qu'elles

g 5   ont

ont esté surnommees diuersement : & ne vous
ennuirois de ce discours, si ie ne sauois, que le
souuenir de telles choses vous seruira de quelque lumiere à la lecture des œuures de tant
de doctes Poëtes de ce tems, qui decorent si richement leurs vers des ornemens de l'antiquité,
que mal aisément y pourront les ignorans &
grossiers rien comprendre. Ie loue (dit Pasithee)
& admire leur mode d'escrire, & suis aise que
telz gentilz esprits se delectent à rapporter les
rares & precieuses richesses, qu'ilz ont acquises
aux voyages faiz sus la Grecque, & sus la La-
tine mer, pour les semer & faire pulluler en
nostre France par le passé tant poure, qu'elle
estoit contrainte de demeurer nue, & (comme vous auez dit) plus froide, que Ialeme,
ne pouuant seulemēt attaindre de pensee aux
hautes & belles conceptions, dont nous voyons
noz liures François maintenant tant illustré-
ment illustrez. mesmes les vers de quelques da-
moiselles (car bien que ie sois ialouse d'elles, si ne
puis ie, & ne voudrois celer combien elles sont
louab

louables)qui,cachant leurs noms me semblent
se faire tort de vouloir ainsi desrober leur louen
ge à la renommee. Vrayment Pasithee(dí ie)
vous congnoissez en elles ce que ïespere d'ouir
estimer en vous, si (comme il sera vray) vous
continuez à contenter la soif des humaines
lettres,et bonnes disciplines,desquelles vous estes
tant alteree, & desireuse. Aumoins par tel
exemple seront contrains les seueres censeurs,
ennemis de nostre vulgaire, de rougir (s'ilz ne
sont plus impudens, que la mesme Impudence)
& de confesser, que l'esprit logé en delicat corps
feminin,& la langue Françoise, sont plus capables des doctrines,& familieres,& abstru-
ses,que leurs grosses testes coiffees de stupidité:
& quant aux langages, que le nostre peult
estre haussé en tel degré d'eloquence, que ni les
Grecs,ni les Latins, auront à penser qu'il leur
demeure derriere. Pensez, Solitaire, à ce que
vous dites(dit elle auec vn mouuement de main
menaçante)car si vous vous declairez si hardi,
que de vous faire fort pour la suffisance de
l'esprit

l'esprit feminin, & du langage François, tous
deux tant peu estimez d'un grand nombre de
ceux, qui se font nõmer sages, qu'ilz renuoyent
le premier à la contemplation du contour d'un
fuseau, & l'autre à la narration d'un conte,
qu'ilz appellent des quenoilles, vous aurez la
guerre à ces frons armez de sourcilz mal piteux: mais plustot mettez en auant la solidité
de la docte troupe, que ie vous enten louer si souuent, trop suffisante pour faire barbe aux foi-
bles efforts de leurs debiles opinions. Ie ne suis
(respondí ie) coutumier de m'armer fort curieusement pour entrer au camp de tel com-
bat, & les contraindre de ne nier que les bons
vers François (vous sauez desquelz ie parle,
Pasithee) pourront comparoitre au parangon
de tous ceux, qui les ont precedez: & de ce ie
n'en appelle à plus impugnable preuue, que les
Epigrammes, les Sonets, & les Odes, & telles
doctes Poësies nees depuis peu de tems. Mais
(repliqua elle) que respondrez vous à ce, qu'ilz
dient, que si par estranges façons de parler

vous

vous tachez d'obscurcir, & enseuelir dens voz
vers voz conceptions tellement, que les simples
& les vulgaires, qui sont (iurent ilz) hommes de
ce monde, comme vous, ni peuuent recongnoitre
leur langue, pource qu'elle est masquee, & des-
guisee de certains acoutremens estrangers, vous
eussiez encor mieux fait, pour atteindre à ce
but de non estre entenduz, de rien n'escrire du
tout? Ie leur respondray (di ie) que l'intention
du bon Poëte n'est de non estre entendu, ni aussi
de se baisser, & accommoder à la vilté du
vulgaire (duquel ilz sont le chef) pour n'atten-
dre autre iugement de ses œuures, que celui, qui
naistroit d'une tant lourde cõgnoissance. Aussi
n'estce en si sterile terroir qu'il desire semer la
semence, qui lui rapporte louenge. Bien desire-
roit il que ces chassieux (mais aueugles) eussent
la veüe bonne, & peussent congnoitre que ce,
qu'ilz cherchent souz nom de facilité, n'est rien
moins que facilité : mais doit auoir nom d'ignorance painte aux rudes lineamens de leurs
grossieres inuentions. Qui ha il, Pasithee (di ie

en

en m'interrompant pource que ie la voyois se
couurant d'un gand parfumé commencer de
sourire) áy ie fait quelque faute? Non ne vous
esmouuez point, Solitaire, dit elle : car ie sou-
riois d'un mot lequel i'attendois en vostre response, & qu'autrefois ie vous ay oui dire à vn
Monsieur, qui se tourmentoit sus ce mesme ar-
gumēt. Vous sauez bien qui ie veux dire. Non
fais, pardonnez moy, lui respondí ie. Vous souuient il point (repliqua elle) de celui, qui vn
iour arriuant ici, me trouua vne Delie en
main: & de quelle grace, l'ayant prinse, & encor non leu le second vers entier, il se rida le
front, & la ietta sus la table à demi courroucé?
Oh, si fais deà (respondí ie) & ay bien memoire qu'entre autres choses, quand ie le vi autant
nouueau & incapable d'entendre la raison,
que les doctes vers du seigneur Maurice
Scæue (lequel vous sauez, Pasithee, que ie
nomme tousiours auec honneur) ie lui respon-
dis qu'aussi se soucioit bien peu le Seigneur
Maurice que sa Delie fust veüe, ni maniee
des

des veaux. Mais estce ce que vous attendiez
souriant à ma response? Oui certes, respondit
elle. Pource que telz iugemens ne meritent
qu'on trauaille beaucoup à contester auec eux,
ie suis d'auis que vous rentriez au discours, d'ou
vous estes issu. Oyez donq (poursuiui ie) quelz
surnoms les anciens ont attribuez aux Muses. Les Latins les ont nommees Camenes, tirant selon la proprieté de leur langage ce mot
de chants amenes, que nous dirions chants
plaisans, & gracieux: ou Carmenes du mot
carme, qui en telle langue (comme aussi il est
receu en la nostre) signifie vers: combien que ce
vocable entre les plus anciens ayt receu quelque changement de prononciation, selon les
mutations des aages, ou (possible) des nations.
Car si maintenant Camene est en cours, les
anciens dirẽt Carmenes, & puis encor Casme-
ne en mutation de la lettre S. en R. Comment
(dit Pasithee) estoit donq la pronõciation entre
les Latins corrompue, ainsi qu'elle est en la
France? ou il semble que le Climat, ou le lait

de

de la nourrice, comme par influence, ou contagion, fourche la langue des Parisiens, & quelques autres selon les contrees (ie say que l'industrie redresse aux doctes & bien parlans ce vicieux naturel) & leur fait vser de R. & S. tousiours au rebours, l'un pour l'autre? Ne trouuez (respondi ie) estrange que le vulgaire faille, veu que quelquefois les mieux apprins se laissent glisser quelque mot hors la bouche. Aussi non seulement entre les Latins, comme ie disois, mais encor entre les Grecs plus superbes, & diligens à l'agencement de leurs idiomes, que les premiers Latins, & les Hebrieux, ha regné ce vice. Car i'ay souuenãce d'auoir leu, qũ Alcibiade pensant prononcer R. prononçoit L. comme s'il eust dit pour regarde Theore, legalde Theole. Puis entre les Hebrieux combien ont engendré de differens les lettres, qũilz nomment Schin, & Samec, & quelques autres, que ie ne pourrois prononcer sans vous desplaire auec quelque malgracieux & deshonneste contournement de bouche? Mais, pour continuer mon propos,

Ὁλᾷς Θέολον, pour Ὁρᾷς Θέορον, voy tu Theore.

propos, les Muſes ont esté nommees Camenes:
pource_ quelles chantent les vers plaiſans, qui
ſeruent de regiſtre pour les louenges des louables: ie ſerois ennuieux, ſi ie_ vous repreſentois
vne geographie pour faire voir les païs, iſles,
montaignes, fonteines, d'ou, pource quelles y ont
esté ou familieres, ou congnues, ou reueues, elles
ont prins ſurnom, comme Siciliennes, de Sicile:
Hiliſſiennes d'un fleuue Attique nommé Hiliſ-
ſe: Theſſiennes de Theſpie, ville de Bœotie: Li-
bethriennes d'une fonteine en Magneſie nommee Libethrie: Pimpleades, Caſtalides, Aoni-
des, ou Aoniennes (car ie ne veux donner loy
à la deduction des vocables, autant ami de la
liberté d'autrui, comme de la mienne) Coricien-
nes, Olympiennes, Pieriennes, Aganipides, Pe-
gaſiennes, Citheriennes, Meoniennes, & en
pluſieurs ſemblables ſortes. En outre elles ont
esté acompagnees d'epithetes tirez d'autre part,
comme_ doctes, eternelles, delicates, plaiſantes,
plaintiues, ſongneuſes, ſaintes, muſiciennes, ba-
billardes, labourieuſes, douces, ſacrees, & autre-

h   ment,

ment, comme peuuent ceux, qui lisent les Poëtes, rencontrer, & ceux, qui escriuent, inuenter
proprement, selon l'efficace qu'ilz veulent attri-
buer à la Muse, qu'ilz inuoquent. Encor trou-
uerez vous qu'elles sont nommees Ligies à cause d'une gracieuse maniere de chant, & d'instrument, ou Nymphes. Et pour telles furent tenues d'un nommé Carie (filz de Iupiter,
& de Torrebie) qui, vagant aupres de quelques
paluz, apprint la Musique Lidienne de neuf
Nymphes, que les natifs de celle region nommoient Muses. En somme, Pasithee, si i'auois
tant de faueur de leur mere, qu'elle me refrais-
chit le souuenir de tout ce, que i'ay leu d'elles, ie
ne ferois de deux iours fin à ce mien discours,
que i'allongeray encor pour vous dire, que de
tous les Dieux il n'y en ha point vn plus inti-
me, & cheri des Muses, que le Sommeil : non
toutefois que par ce Sommeil il faille entendre
la stupide & endormie paresse, mais bien l'honneste seiour, lequel les studieux cherchent en la
plus retiree solitude, pour, comme en la tranquillité

quillité du dormir, recueillir du gracieux &
trauaillant repos, que les Muses inspirent, vn
fruit plus doux, que le miel. Mais vrayment
(puis que le miel m'est venu si à propos en la
bouche) ie ne puis oublier l'honneur que les anciens ont fait aux Abeilles, à l'exemple desquelles Socrate disoit que les bons Poëtes re-
cueillent la diuersité de leurs vers aux vergers,
ou les Muses habitent, & puisent aux fonteines coulantes de miel celle douceur, qui les rend
gracieux & faciles. Les anciens (voulois ie dire) ont fait honneur aux Abeilles de les nommer oiseaux des Muses, chose que vous trouue-
riez assez (possible) impertinente, si vous par
iournaliere espreuue n'estiez asseuree combien elles se delectent des sons. Veu que si elles
sont passageres (car encor ce petit peuple trans-
met & çà & là des colonies pour s'aiser &
amoindrir son nombre) ou si par quelque tu-
multe suruenu en leur chose publique, elles se
despitent & abandonnent leur premier seiour:
l'unique remede pour les arrester, & rendre

h 2　　　coyes,

coyes, est le son des poeles et bassins, auquel bruit
toutes rapaisees elles se font moins farouches,
& reprennent logis. Pensez vous point, Pasithee, qu'au son de vostre leut, guiterne, espinet-
te, ou autre instrument touché de vostre docte
main, ou mesmes à la harmonieuse melodie de
vostre voix, elles fussent plus dociles? Ie croy que
la harmonie (respondit elle) qui peult sortir de
mes chansons ne leur agreeroit non plus qu'aux
Muses (comme on dit communement) le chant
des Cigales. Ie ne say (repliquáy ie) comme
vous l'entendez. Mais si ne seroit la harmonie
peu excellente & gracieuse, estant comparee
à la familiarité, que les Cigales ont auec les
Muses, qui leur daignerent bien montrer à
chanter & communiquer la Musique. Aussi
Demetrie acompagné du grand Philosophe
Tyanien, les oyant vn iour chanter, s'escria: O
bienheureuses & vrayement sages Cigales, vous
chantez la chanson, qu'auez retenue de l'instruction des Muses, & les remerciez (non ingra-
tes) du bien, qu'elles vous ont fait, vous retirant
hors

hors de la subiection du ventre insatiablement
gourmand,& vous priuant des perturbations,
& humaines enuies. Vous pouuez par leur
bienfait (ô heureuses) chanter à vostre aise, &
librement (sans crainte d'en estre appellees deuant les Iuges) la felicité de vous & d'elles. En
bonne foy(dit elle)à peine eusse ie soupsonné que
tant Musicale creature fut dediee aux
Muses. Si sont deà (di ie) & (selon le recit de
Platon)furent vn tems hommes,qui,ayans apprins la Musique des Muses, s'y delectoient
tant extrememēt,que sans donner repos à leurs
voix , ni viande à leurs estomacs, imprudem-
ment se laissoient mourir en chantant, &
estoient transmuez en Cigales tousiours depuis
continuelles à l'exercice de leur,telle quelle,voix:
& ce tant opiniatrement, que viuant sobres,
sans aucunement manger, chantent iusques à
la mort:apres laquelle, elles retournees vers les
Muses, leur font le raport de ceux, qui les ont
en estime & reuerence.Mais,Pasithee,c'est trop
longuement continué vn subiet,duquel(pense ie)

h 3   vous

vous n'esperiez l'entretien deuoir estre si long. Si
estce que de, ce que i'en ay dit, vous pourrez
aisément comprendre combien de doctrines, mais comme toutes disciplines, & sciences,
sont retenues en l'acomplissement de l'esprit Poëtique : veu que le nombre, l'ordre, & les noms
des Muses, sont tirez à tant de consequences. Et
ne pensez que le Poëte (bien que l'estude ne lui
ayt particularisé toutes doctrines) esmu de celle
inspiration, qui ha conduit iusques en cest endroit nostre parole, ne puisse embellir ses vers
des plus absconses, & recelees diuersitez naturelles, & surnaturelles : car (comme i'ay dit) il
est soutenu, & poussé du Dieu. Ie ne suis toutefois pour tant opiniatrement obsister contre
les oppugnateurs des Poëtes, que ie voulusse for-
cer quelque autre Platon de receuoir temerairement la Poësie en sa Chosepublique. Si neaumoins, au choix des meilleurs, i'enten de ceux,
qui si viuement representent les celestes puissances, & humaines passions, que dedens leurs
vers reluisent les celestes grandeurs, que par
leurs

leurs vers la vertu est montree aymable, le vice
horrrible, & encores les affections paintes, de
leurs vrayes & non feintes couleurs, ainsi qu'elles meritent d'estre ou chassees, ou receues : si,
di ie, au choix de ces meilleurs, il n'en veult
conceder, eslire, & admettre vn bon, ie l'e-
stime indigne de Platon (qui maintefois en
sa plus grande hauteur s'est transformé en
Poëte) & l'escri au reng d'Epicure, & d'Era-
tosthene, desquelz les noms ne se permet-
tent iamais prononcer sans qualité d'infame
impieté. Ie m'estois teu assez longuement, quand
Pasithee ou atttendant si ie dirois d'auantage,
ou pensant que ie reprinsse haleine, s'apperceut
qu'abruptement selon mon vice naturel, ie me
laissois transporter en pensee : bien qu'ayant
tourné l'oeil sus son Leut i'auançasse la main
pour le prendre. Comment (dit elle lors) voulez
vous ici fermer le pas ? vrayement l'entreprinse
de ceste iournee n'est acheuee. Oubliez vous
l'acointance, laquelle (bien que tacitement) vous
auez faite de la Poësie, & de la Musique,

h 4   comm

comme de deux ruisseaux, qui procedent d'une
mesme sourse, & rentrent en vne mesme mer?
En bonne foy si vous laissez la Musique en
arriere, les vers de la Poësie non chantez per-
droit beaucoup de leurs graces. La nuit, qui me
fait signe d'assez pres (lui respondi ie) que ie ne
puis long tems demeurer ici, m'excusera pour
maintenant de soutenir ce faix, duquel ie me
chargeray, & deschargeray, quãd il vous plaira. Ie l'accepte (dit elle) & vous tien pour excusé
ce coup, souz condition toutefois, que vous
n'espargnerez vostre peine pour faire tant qu'encores les autres trois fureurs, ne me demeurent incongnues. Ie ne say (lui respondi ie) quelle
congnoissance ie pourray vous donner des deux
suiuantes. Mais quant à celle d'Amour, ie
n'ay autre trauail en plus songneuse recommen-
dation, que de la vous representer deuant les
yeux: & me semble que l'euidence de mes passions par tant de preuues, doit desià auoir fait
cest office. Quand ie vous aurois confessé, que
voz passions me fussent assez congnues (repliqua

qua elle)si ne vous aurois ie donné suffisant
aquit pour l'obligation precedente : aussi ne
véux ie (aiouta elle en souriant) maintenant,
que la fureur vous esmeult encores , raisonner
auec vous iusques à ce que sus ce Leut, lequel ie
ay veu desia menacer de l'oeil, vous ayez exha-
lé cest Esprit, qui vous agite. Ce disant elle print
le Leut, & le m'offrant apres vn & vn autre
refus, que i'en euz fait, si faut il (dir elle) que
vous me fassiez entendre par experience si la
fureur d'Amour (vostre tant peculiere) est incompatible auec les Muses, & si Amour les
treuue autant rebelles, qu'il ha autrefois fait
entendre à sa mere Venus. La peur lors de
tomber en vne inciuilité importune me fit prendre le Leut. Et pendant que i'espreuuois les
acors, Pasithee (di ie) là ou ie suis, les Muses ne
doiuent pour crainte d'Amour se tenir sus
leurs gardes. Car le cruel tout empesché à mar-
teller mon cœur , n'ha loisir d'essayer de leur
donner attainte. Elle (s'embellissant d'une grace, qui lui est plus naiue) ne voulut reprendre

h 5   la

la parole, voyant que ie m'apprestois pour accommoder de voix au Leut ceste Ode.

STROPHE.

Ià ià les cheuaux brulans
   Du saint Cinthien archer,
  S'en vont de leurs piedz volans
   L'humide Element toucher,
   Ou repoz ilz vont chercher,
   Au mol giron de Tethis.
  Voici mille feuz petis,
   Qui de diuerse peinture
   Au front de la nuit obscure
  Traceront les animaux,
  Souz lesquelz semble estre faite
   L'humaine vie subiette
  Ou aux plaisirs, ou aux maux.

ANTISTROPHE.

Ainsi, Soleil gracieux,
   Qui mes iours plus serains luiz,
  Quand tu es loing de mes yeux,
   Mille tenebreux ennuiz
   M'obscurcissent mille nuiz:

Puis

Puis d'autant de beaux souciz,
Mille pensers esclarciz
Au souuenir de tes graces
Me peingnent en mille faces
Tes mille perfections,
Desquelles seules i'espere
Fin d'heur,ou fin de misere,
A bien mille passions.

EPODE.

Mais (làs) plus ma destinee
Est fierement obstinee,
Que la fuite coutumiere
De la celeste lumiere
Egalement dispensee
Ores clere, or' eclipsee:
Car ta vertu poursuiuie
Plus luit pour me secourir,
Plus elle me fait mourir
Une tenebreuse vie.

Quand i'euz cessé, Pasithee auec vn honeste re-
merciment me faisoit entendre combien ceste
mienne obeïssãce lui auoit esté agreable. Mais
elle

elle se teut, comme estonnee d'une nouuelle melancholie, qui, malgré toute mienne dissimula-
tion, s'estoit desià emparee, & de mon cœur, &
de mon visage : toutefois la peur de lui desplaire auec ceste mienne passionaire façon m'inci-
ta de lui dire : vostre pensee, Pasithee, treuue
en moy vne issue fort contraire à l'effect espe-
ré. Car ie suis moins disposé à tout entretien,
quauant que i'eusse par ce musical exercice
esmu mon ame à se passionner selon sa coutume. Aussi n'auois ie pour autre occasion essayé
de m'exempter du maniment de ce Leut, que
pour ne me laisser aller en vostre presence si af-
fectionnemēt apres ma passion. Donq(demanda elle) ha telle efficace sus vous la Musique,
quelle vous rauisse tant viuement hors de vostre puissance? Non seulement sus moy (respondi ie)se fait telle espreuue, mais encor sus toute
personne, qui ait en soy quelque amorce dispo-
see à tel embrasement, ce que demain(si l'oppor-
tunité le permet) ie vous declaireray : ce pendant, pour ne vous ennuier de ma tristesse

(bien

(bien que vous en ſoyez l'obieƈt) vous me donne-
rez congé de vous laiſſer vſer du repos, auquel
la nuit ſuruenue vous appelle, Paſithee, à fin
que ie m'en aille acompagné de ma ſolitude familiere, & auec elle rendre ma peine plus facile à porter. Alors ie lui diz l'Adieu, duquel
vn reciproque de ſa part fut la gracieuſe recom-
penſe, qui me tira de ſa compagnie, laquelle i'abandonnay autant en-
nuié, comme deſireux
de la recouurer
le lende-
main.

*

AMOVR IMMORTELLE.

VERS LIRIQVES.

Ode Premiere au Ciel en faueur de sa Dame.

Ciel, qui du plus hault desir,
  Qui de toy se peult choisir,
En ta plus viue flame
    Brule mon ame.
De ta plus clere clarté
  Voy la plus belle beauté,
Comme ta lampe blonde,
    Dorant le monde.
Et beninement lui riz
  De tes yeux plus fauoriz,
Dont l'heur à ceux tu dardes,
    Que tu regardes.
Fais que son nom reuestu
De l'ornement de Vertu,

Rende

Rende vn raiz de son lustre
        Tousiours illustre.
Fais que ses serains discours
    D'un infatigable cours
    En ta sainte hautesse
        Vaguent sans cesse.
Fais qu'en L'autonne, ou l'Hyuer,
    Que les ans font arriuer,
    Le Primtems de sa grace
        Point ne s'efface.
Conserue ce beau tresor,
    Les perles, le pourpre, & l'or
    Qu'auecques moy encore
        Phebus honore.
Mais que des affections
    De cent & cent passions
    Adoree, & requise,
        Seul ell' me prise.
Fais que ses lampegeans yeux,
    Ces deux Astres gracieux,
    Rendent l'ame à ma vie,
        Quilz ont rauie.

                            Et

Et que ces arcs hebenins,
Fais piteusement benins,
Les traiz sus moy ne tirent,
Dont ilz m'occirent:
Mais qu'vn trait de leur douceur
Descoché dedens mon cœur
Iusques à l'ame pousse
La mort plus douce.
Lors les vers, que ie feray,
Richement i'estofferay
En louenge immortelle
De toy, & d'elle.

ODE II.

Au iour des Bacchanales.

Loing l'enflee ambition,
Loing, loing, celle affection
De l'auare filz de Chryse,
Qui d'assembler en tresor
Les passes monceaux de l'or
Fit la premiere entreprinse:
Loing les hauts pensers, qui sont

Que

Que ſouz vn ſeuere front
L'un ſourcil l'autre repouſſe.
Loing l'aueugle Archer vainqueur,
Qui d'un trait m'oulrit le cœur,
Le plus doré de ſa_ trouſſe.
Maintenant ne me void on
Baiſſer le triſte menton,
Auecques ſongearde mine,
Ia, meurt en moy tout ſouci:
Ia le libre Dieu voici,
Qui m'enflame la poitrine.
Quel acordiſcordant bruit
S'entremeſle, & s'entrefuit,
Qui mes eſprits eſpouuante?
Euoé, ïenten au ſon
La fremiſſante chanſon
De la fole troupe Euante.
Ie l'enten ſortir du bois:
I'oy, ïoy les Bacchiques voix
Des cors enroués, qui tonnent:
Ie voy neuf celeſtes ſœurs
Yures des ieunes liqueurs,

Qui ce triomphe enuironnent.
Voila la brusque terreur,
Et la ioyeuse fureur
Flanc à flanc à ce char iointes.
Te voici, ô Dieu, qui fais
Deſſouz ton humide faix
Plier les nerueuſes iointes.
La ſuperbe maieſté,
La force, & la grauité,
Et la chaſte continence,
Sont ſouz le ioug de tes loix:
Et les ſages, & les Rois,
Le murmur, & le ſilence.
La ſanglante cruauté,
L'odieuſe verité,
L'obſcur oubli, la memoire,
La diſcorde, & l'amitié,
La rigueur, & la pitié,
Accompagnent ta victoire.
O filz, ô pere des Dieux,
Cornu, vengeur, radieux,
Martien, piteux, ſatire,

Tu

Tu me vaincs : hoh, ie sen bien
Comme est puissant le lien,
Qui souz ton pouuoir m'attire.
Ceste fureur qui me poind,
Pourtant n'eneruera point
En moy le prompt vouloir masle :
Ie veux, si tu le permets,
Me vouer d'estre à iamais
Ton plus viril Ithyplale.
Mes membres vaincus, & las,
Te suiuent en tremblant pas,
Euiié, libre pere,
Son asne tardif en vain
De pied Silene, & de main,
Bat, presse, & se desespere.
Dessus vn lit chancellant
Dens les bras du Sommeil lent,
Frere des trois pasles Fees,
Ie te vois (victorieux)
Sacrer deux sommeillans yeux,
Pour honorer tes Trophees.

i   2   Ode

ODE III.   Du Socratique.

Le Grec trop audacieux,
　Duquel l'infame pensee
　Fut iusqu'au Ciel auancee
Pour y enfermer les Dieux,
Et là les feindre ocieux,
　Soupira son indolence
　Lors, que l'ame yure du corps
　Par fatale violence
　Uint aux obliuieux bors.
Lui, comme les inhumains,
　Qui firent au Ciel la guerre
　Pour l'egaler à la terre,
　Sentit les diuines mains
　Assommer ses discours vains
　Dedens sa poitrine infecte,
　Qu'encor depuis ont teté
　Les nourrissons, de la secte,
　Qui souille la deïté.
L'un, qui pense rien n'auoir
　Plus immortel que le ventre,

Fait

Fait & au Ciel, & au Centre,
L'horrible impieté voir
De son prophane sauoir,
Qu'il soutient, & fortifie
D'un Diogenic baston,
Armé duquel, il deffie
Le diuin front de Platon.
L'autre va (l'industrieux)
Palliant sa fantasie
D'un manteau d'hypocrisie,
Qu'il fait sembler vertueux
Aux sots superstitieux :
Et d'importable ioug grefue
Souz l'ombre de pieté,
De l'orphelin, & la vefue,
La fuitiue liberté.
Ny celui la toutefois,
Qui son libre estat auoue,
Ny cest autre encor, qui noue
D'un lien destroites loix
Et ses œuures, & sa voix,
Feront mon esprit par force

i 3   Deue

Deuenir leur profeſſeur:
Ni par la ſubtile amorce,
De leur ventreuſe douceur.
Ne ſoit par telle façon
Ma tranquilité trompee:
I'ay en leur feinte pipee
Trop bien deſcouuert le ſon
D'une trompeuſe chanſon:
Et mon ame non eſpriſe
Du gouſt d'un terreſtre miel
Rien n'admire, & rien ne priſe,
Que ce, qui eſt pur du Ciel.
Si ne prétend ie imprimer
Au blanc tableau d'innocence
Quelque impoſtrice puiſſance,
Ou de nouueaux Dieux m'armer,
Pour mieux me faire eſtimer:
Ni le triple nœud diſſoudre
De ce Politiq Amour,
Qui l'eſtat humain peult coudre
A ſon plus calme ſeiour.
Mais ie deſirerois bien

Que

Que la verité cachee
Songneusement arrachee
Du noir puis Cimmerien,
Auec l'or Saturnien,
Uinssent redorer nostre aage,
Qui par l'alteré souci
Del l'Auarice, & l'outrage
De l'ignorance est noirci.
D'Aristophane moqueur
Les Nues non escoutees
En vain seroient recitees
Deuant le peuple amateur
Du langage non menteur:
Du fard de la double feinte
Des dissimulations
Ne seroit la face peinte
Des humaines actions.
La molle deesse Até,
Qui fait au siecle, ou nous sommes,
Son paué des chefz des hommes,
Gluant à l'humanité
La triste calamité,

Dens les Abimes rentree,
Fuiroit l'esclair radieux,
Duquel l'equitable Astree
Viendroit esclairer noz yeux.
Lors en noz affections
Ne seroient point poursuiuies
Cent pallissantes enuies:
Lors des delectations
Des lasciues passions
Seroit l'orde troupe estainte:
Lors les vices combatuz,
Fuians chassez, auroient crainte
Du saint squadron des vertuz:
Iupiter prendroit en gré
Du Cecropien office
Le non sanglant sacrifice,
Qui lui seroit consacré
Dessus son autel sacré:
Car la deïté moquee
Des grossiers entendemens
Lors ne seroit point masquee
Souz les humains vestemens.

O, cent

O centre, ou sied la bonté
En non mobile asseurance,
Fais qu'en ta circonference
La vagabonde beauté
Des saints raiz de la clarté
De ta lumiere feconde
Incorpore sa couleur,
Rendant la sphere du monde
En sa parfaite rondeur.
Ainsi les erreurs reprend
De l'humaine race ingrate
Un disciple de Socrate
Qui, peu craintif, entreprend
Des hauts secrets, qu'il apprend,
Comme son Daimon l'incite,
Guerroyer les vicieux,
Malgré d'Anite, & Melite,
Le parler calomnieux.

ODE IIII. De ses affections.

Au plus haut de l'humain chef
Sied l'Ame de la raison,

Tentant voller derechef
En l'eternelle maison,
D'ou iadis le Cheual noir,
(Cheual rebour) la fit choir,
Malgré lautre aux blanches æsles,
Renouuellant donq son cours
S'empenne par ses discours
De maintes plumes nouuelles.
Elle apporte en trebuchant
Deux brandons pernicieux,
Qu'elle allume en approchant
Le cinquieme, & tiers des Cieux.
En ces deux Cieux peuuent voir
Les chetifs mortelz ardoir
Deux Astres (couple adultere)
Par lesquelz d'ireux souci
De concupiscible aussi,
L'humaine raison s'altere.
Ainsi vient le fier desir
De s'abruuer dens le sang,
Un cholere cœur saisir
Entre l'un & l'autre flanc:

Ainsi

Ainsi l'un est arresté
A lasciue volupté,
Lors que la soif de pecune,
Ou la haute ambition,
Sacre vne autre affection
A l'aueugle Fortune.
L'Ame (quand lui sont congnuz
Les sacrez secretz hautains)
Qui de Mars, qui de Venus,
Ha en soy les feux estains,
Scet souz son naïf ranger
Ce naturel estranger.
Las, la mienne peu experte
Se laisse encor deceuoir
Au commun trompeur Espoir
D'un gain de plus grande perte.
L'espoir d'un fruit vicieux
Ha longuement combatu
L'autre espoir ambitieux
D'attaindre au mont de vertu,
Pendant que l'aage lascif
L'inutil seiour oisif

(Deux

(Deux succulentes nourrisses)
D'une trompeuse douceur,
Alaitoient dedens mon cœur
Le mol troupeau des delices.
Ia s'estoit l'espoir premier
Soumiz aux loix du second,
Qui me faisoit familier
Des neuf sœurs du double mont.
Voici celle, qui ha priz
Son nom, du filz de Cypris,
Qui vn coronnant Panache
(Tesmoin du chant dont le Chœur
Aonien fut vainqueur)
De dessus son chef destache
(Quand la race d'Achelois
Animee par Iunon
Osa penser de sa voix
Fouler l'Aonide nom,
Le priz de la gloire deu
Au mieux chantant fut rendu,
Aux neuf filles de Memoire,
Qui ont sus leurs noirs cheueux

Miz

Miz l'honneur des doz plumeux
    Pour coronner leur victoire)
Ie veux de ceci forger
    (Dit elle) vne æsle à tes vers,
    A fin que d'un vol leger
    Ilz portent par l'uniuers
    Le saint honneur de l'obiect,
    Auquel tu t'es fait subiet
    Sus la Masconnoise riue:
    Et qu'encor l'amoureux son
    Iusques en nostre Helicon
    De ta douce lyre arriue.
Depuis i'ay tousiours chanté
    La rare perfection
    D'une Angelique beauté:
    I'ay chanté ma passion
    Inconstante constamment
    En glace, en feu, du tourment,
    Qui l'esprit me mine, & ronge,
    Comme l'homme se seduit
    (Le fol)d'un espoir sans fruit,
    Qu'en veillant son esprit songe.

                              Quantes

Quantefois áy ie deceu
  Les pleurs de mes longues nuiz,
D'un court vain songe receu
  Au mourir de mes ennuiz?
Quelz quarlunaires trauaux
  Se balanceront aux maux
De ma peine assez congnue,
  Puis que Madame la scet,
Et l'impiteux, qui ha fait
  Ia ma ieunesse chenue.
Ont quité mes cheueux blans
  Leur ieune naturel teint,
Nayant encores mes ans
  Leur sixieme lustre atteint?
Amour, qui fait vn Hyuer
  Sus mon Primtems arriuer,
De fleurs blanches me coronne,
  Quand i'esperois pour honneur
D'un autre Dieu coronneur,
  Une plus riche coronne.
Phebus ne permettroit pas,
  Que ie fusse coronné

Des

Des touſiours verdoyans bras
De ſa fuiarde Daphné,
N'oſant entreprendre rien
Deſſus le Dieu Cyprien,
Qui ſes fleurs deſaiſonnees
Fait fleurir en moy, à fin
Que ie congnoiſſe la fin,
Ou elles ſont ordonnees.
Non de trop vigilant ſoin,
Non des ans meurs, & diſcrets,
Ceci peult eſtre témoin:
Mais bien d'autant de regrets
Au centre du cœur naiſſans,
Que i'ay de poilz blanchiſſans.
Ah, que faut il que i'eſpere?
Amour, ma Dame, & ma foy
Trois coniurez contre moy,
Ont conſpiré ma miſere.
Amour (comme il ha peu d'yeux)
Choiſit le cler qui moins luit:
Mais, las, il obſcurcit mieux
L'obſcurité de ma nuit:

Ma

Ma dame en sa cruauté
Rend parfaite sa beauté,
Dont ma foy outrecuidee,
Vengeant dessus moy, son tort,
Fait viure auecques ma mort
La verité lapidee.
Toy seule pourras tuer
La Mort, Muse, si tu veux
Ces miens vers perpetuer
Iusquà noz derniers neueux,
Volez, tristes vers, volez:
Et aux mains de celle allez,
Qui se plait en mon martire,
Pendant que d'un pouce lent
Souz vn chant doux, & tremblant,
Ie vous traine sus ma lyre.

O D E   V.

En faueur de Iane sus la mort de sa
chienne Flore.

Qui ne croira que nous sommes
Immortelz? & que les Dieux

Ont

Ont permis que tous les hommes
Fussent capables des cieux?
Vrayment les celestes mains
Distribuent aux humains
Immortalitez egales:
Toutefois à leur Prophetes,
Les bons & sacrez Poëtes,
Elles sont plus liberales:
Car ilz sont faits seulz pour eterniser
La peu durable, & deleble memoire,
Et pour le clos du noir tombeau briser,
Dorant l'obscur d'une luisante gloire.

Si moy, qui le flambeau porte,
    Qu'il plait aux dieux d'allumer,
    Une chose deux fois morte
    I'entrepren reanimer,
    Doi ie penser qu'il me faut
    Pousser vn vol iusqu'en haut,
    Pour, de la quarte lumiere
    Furtiuement empruntee,
    Ainsi que fit Promethee,

                    k   Don

Donner vie à ma matiere?
Non, non : s'il plait à mon Soleil doré
Couler en moy quelque raiz de sa flame,
Assez sera le subiet honoré,
Qui succera d'un si beau feu son ame.

Or sus donq, Muse, qu'on tache
(L'aueugle Dieu des amans
Un peu de trefue nous lache)
De voler iusqu'à Romans :
Là du miel de ta douceur
Desaigriz l'aigre douleur
De Iane, qui pleure encore
(Tant la mignarde est peu sienne)
Et plaint sa petite chienne,
Sa petite chienne flore.
La perte n'est telle que vous pensez,
Pour estre ainsi de tant de pleurs suiuie.
Escoutez, Iane, & ces larmes laissez :
Ie la vous voiz maintenant mettre en vie.

Le puissant Dieu du tonnerre,

Qui

Qui d'un souci merueilleux,
Perce Ciel, Feu, Air, Mer, Terre,
Et le centre tenebreux,
Espoinçonnoit aux trauaux
Du Ciel ses douze animaux,
Quand, iettant sa veüe basse,
Il void Iane, qui s'ennuie,
Versant des yeux vne pluie
Sus sa flore, qui trespasse:
Faisant encor à l'or de ses cheueux,
A son cinabre, à son yuoire, outrage:
Recompenser (dit le Pere) ie veux
D'un plus grand bien le tort de ce dommage.

Cest animal (tes delices
    Iane) ne sera point ars
    Sus l'autel des sacrifices
    Du braue Dieu des soudars
    Ni offert au brulant chien
    Alteré, Icarien:
    Et en vain la triple hure,
    Horrible, baueuse, & sale,

k 2   Son

Songneuſe garde infernale,
Bee à ſi digne paſture.
Lon ha iadis d'un ſuperbe tombeau
L'Aure honoré, la chienne d'Atalante:
I'en dreſſeray à la tienne vn plus beau,
Comme ell' eſtoit plus rare, & excellente.

Acheuant ce mot, il torne
L'un de ſes tout voyans yeux
Du coſté du Capricorne,
Et du ſigne pluuieux,
Ou l'enfant Troyen il vid
Souz l'aigle, qui le rauit
Malgré ſa peu ſeure garde,
Qui lachant, chiens, couples, leſſes,
Loing les ſerres Larronneſſes
Menaçant en vain regarde.
Sus mon oiſeau (dit il) obeïſſant,
Deſcens, fens l'air de l'aeſle plus legere,
Va, ou tu vois le Rone rauiſſant
Ioindre à ſes eaux la ſinueuſe Iſere.

Rame

Rame par là la voye torte
   Sus l'un, & l'autre auiron:
   Tot, diligente, & m'apporte
   Flore, qui dens le giron
   De Iane dolente dort
   Du froid sommeil de la mort.
   Lors l'oiseau d'une æsle large
   Se donne vent, puis se pousse
   En terre d'une secousse,
   Ou executant sa charge,
Rasant le bas, se montra si soudain
En desrobant (le rauisseur) sa proye,
Que Iane encor souz sa marbrine main
La pense auoir, bien que plus ne la voye.

Ceste charge delicate
   Plustot au Ciel ne posa,
   Qu'vne estoille en chasque pate
   Le grand Dieu lui embrasa:
   Et dit (lui fischant aux yeux
   Deux petis feux radieux)
   Ainsi de six flames cleres

 Celle

Celle part du Ciel ie pare,
Qui mon blanc Toreau separe
Des deux Amicleans freres.
I'enten encor, que souz l'aspect benin
De l'Astre neuf, que i'ay fait, s'enrichisse
La terre verde & du Lis, & du Tin,
Des fleurs d'Aiax, de Clitie, & Narcisse.

Le vent que Iane soupire,
    Auance toy, & le prens,
    Pour (ô gracieux Zephire)
    En halener le Primtems.
    Et pour arroser tes fleurs
    (Lasciue Flore) ses pleurs
    Te seruiront de rosee,
    Pleurs, dont celle, qui te semble
    De saison, & nom ensemble,
    En mourant fut arrosee.
Ces doux soupirs, ces pleurs, cest animal
Finiz en terre, auront plus haut duree:
I'en iure Stix, le noir fleuue infernal,
Eau non iamais de Dieux en vain iuree.
                              Ainsi

Ainſi dit le Dieu, qui guide
D'un ſeul clin d'oeil l'vniuers.
Mais, hola ma chere guide,
Tire la bride à mes vers.
Muſe (l'honneſte ſoulas
De mes ennuiz) crain tu pas
Que noſtre douce guerriere,
Noſtre ame, noſtre penſee,
S'irrite, & ſoit offenſee,
Que ie chante vne eſtrangere?
Puis que l'Amour, qui me fait tant ſouffrir,
Ne peult gliſſer dens ſes mouelles tendres,
Veuilles au moins en mon nom lui offrir
Le feu caché deſſouz mes froides cendres.

F I N.

AMOVR IMMORTELLE.